"西方现代化脚印"丛书

法国文明与思想启蒙

段亚兵 / 著

深圳出版社

图书在版编目（CIP）数据

法国文明与思想启蒙 / 段亚兵著. -- 深圳 : 深圳
出版社，2025. 1. --（西方现代化脚印）. -- ISBN
978-7-5507-3983-3

Ⅰ. B565.5

中国国家版本馆 CIP 数据核字第 20242LW368 号

法国文明与思想启蒙

FAGUO WENMING YU SIXIANG QIMENG

出 品 人	聂雄前
责任编辑	陈　嫣
特邀编辑	孙　利
责任技编	梁立新
责任校对	赖静怡
封面设计	李松璋书籍设计工作室
装帧设计	龙瀚文化

出版发行	深圳出版社
地　　址	深圳市彩田南路海天综合大厦（518033）
网　　址	www.htph.com.cn
订购电话	0755-83460239（邮购、团购）
设计制作	深圳市龙瀚文化传播有限公司（0755-33133493）
印　　刷	深圳市美嘉美印刷有限公司
开　　本	787mm×1092mm　1/16
印　　张	16
字　　数	220千
版　　次	2025年1月第1版
印　　次	2025年1月第1次
定　　价	56.00元

目 录

▶ ## 第一章　启蒙思想横空出世

如果将巴黎比做花园，这是一个百花盛开、彩蝶飞舞、绚丽多姿的美丽世界；如果把巴黎比做美女，则是一位丰满成熟、风情万种、魅力无穷的少妇；如果将巴黎比作色彩，是一个染料混杂、五光十色、万紫千红的调色板。巴黎拥有高贵的气质、复杂的性格、多变的面容。

先贤祠六根双排高大的柯林斯式廊柱，顶着一个巨大的三角形门楣山墙。山墙上有精美的浮雕，作品的名字叫《在自由和历史之间的祖国》。浮雕中间站的代表"祖国"的女神，手里拿着一个花冠分赠给左右的人们，这些人群分别代表"自由"和"历史"。

018 ——— 旧时代的掘墓人伏尔泰

伏尔泰有一句主张言论自由的话语流传得很广："我并不同意你的观点，但是我誓死捍卫你说话的权利"。没有想到，在200多年后的1988年，在改革开放的"试管"深圳蛇口，伏尔泰的这句话又一次发挥了影响。

025 ——— 新时代的开拓者卢梭

可能卢梭对世界和后世的影响更大。他说："我们决定把愚蠢的、有奴性的动物变成有知识、有人性的人。"这句话对启蒙运动的实质说得很传神；他不断鼓吹暴力革命和自由思想而对法国大革命的影响不言而喻；他"天赋人权"的思想成为指引社会变革的大纛旗帜。

029 ——— 启蒙运动改变了世界

启蒙运动是一种全新的社会思想潮流。由于启蒙运动掀起的一场思想风暴，自由平等的思想传遍了全世界，在人类文明史上留下了许多珍贵遗产。其中最重要的一点，可能就是马克思所说："使他认识到自己是人。"

启蒙思想对中国的洗礼

中国的启蒙思想运动是逗号而不是句号，是进行时而不是完成时，一直会随着时代的变化而进行。中国传统文化的精髓是"变"，世界上唯一不变的就是变。时变而思变，这是《易经》流传下来的中国古老智慧。

▶ 第二章　法国的现代化之路

高卢雄鸡初鸣

高卢虽然消失了，但是对远古高卢的记忆，对最初部落的眷恋，对数百年里沉淀下来的文化荣誉感，仍然存在。我们在法国遇见的一些白种人，从他们说自己是高卢人的自我介绍中，可以听出来对这一段历史的些许骄傲，这是一种深藏在潜意识中的历史回声。

法国闪亮登场

卡佩家族决定永远定居巴黎。路易六世将巴黎附近的圣德尼修道院视为法兰西王国的"头部"，路易七世则把西岱岛上先王虔诚者路易住过的旧宫作为自己的王宫。于是，奠定了巴黎作为法国国都的基础，也为巴黎后来成为世界著名城市创造了条件。

061   太阳王路易十四

路易十四创造的新生活，其场景之铺张、享受之奢华、仪式之繁琐、品位之高雅、情调之浪漫，超出了人们的想象力，至今为后人津津乐道。就生活方式而言，他确实像太阳一样照亮了法国。说他是太阳王倒也不算太夸张。

073   法国大革命的狂飙

自由是有边界的，这个边界就是他人的正当权利。如果侵犯了他人的正当权利，自由就会变质，变成害民的暴政、惨烈的屠杀。自由是要需要受到束缚的。靠制度和法治束缚，保证有良好的社会秩序。没有秩序的自由，是泛滥的洪水，是脱轨的火车头。

086   拿破仑征服欧洲

清点拿破仑一生用兵，从土伦战役的一鸣惊人，到滑铁卢战役的全军覆没，23 年里他亲自指挥大战役近 60 次，50 多次取得胜利；小战役数不胜数，一辈子戎马倥偬、谱写传奇。法国，成也拿破仑，败也拿破仑。斯人已逝，但对他成败、教训的思考讨论一直没有停止。

也许可以这样评价戴高乐：他见证了法国从
世界帝国跌落成为地区强国的过程；但在这
个过程中他让法国免遭更大的冲击。如果从
现代化发展的角度讲，戴高乐做出了巨大贡
献，让法国终于追上了工业革命的步伐，展
现出现代化的新面貌。

第三章　南部法国的浪漫

马赛城好比是一个人俊俏的面孔，旧港是脸
上的眼睛。港湾里清澈的湖水像儿童纯净的
目光，水流起伏波光粼粼又像女子多情的目
光。港湾里停满了各种游船，又高又密的桅
杆像是眼睛的睫毛，让眼睛更显的迷人。

弯弯的海岸优雅地伸开，在海上画出了一道
完美的大圆弧线，尖尖的两端拥抱大海，很
像大鸟伸出的一对翅膀；而当地人说是像是
天使的翅膀，海湾因此得名天使湾。拥有如
此美丽海湾的尼斯不枉"蔚蓝海岸上的一颗
明珠"的美名。

130　　　　　　　　　　　　　　　　戛纳电影城

戛纳国际电影节的最高奖为"金棕榈奖"。当地优美形象的棕榈树，成为戛纳电影节的文化标志。"金棕榈奖"、"金狮奖"（威尼斯电影节）、金熊奖（柏林国际电影节），是仅次于美国奥斯卡金奖的奖项，获得此奖成为世界电影工作者终身企盼的梦想。

138　　　　　　　　　　　　　　　阿维尼翁古城

高大的古老城墙长约数公里，至今墙体完整、整齐美观。城墙用巨大石块砌筑，又高又宽，雄伟壮观，厚实坚固；城墙的关键处建有高立的塔台，射箭的垛口排列有序、精致好看。城墙虽然大体完好，但是历史的凄厉风霜留下了明显印记，弹洞箭痕，光影斑驳，面貌沧桑。

148　　　　　　　　　　　　　　　摩纳哥赌城

好一个美丽安静的港湾！海岸两岸的岩石像粗壮的胳膊伸向海中，环抱着蓝色的水域，拒挡住暴风骤雨，让港湾风平浪静。水面上停满了白色的豪华游轮。游轮是富豪们用来炫耀财富的奢侈品；而当年修建炮台说明这里是一个兵家必争的重要港口。

普罗旺斯寻美

眼前出现了大片的薰衣草，无边无沿，一望无际，满目紫色，真的是"紫色的花海"。漫山遍野的紫色渲染，确实有海洋般开阔的感觉。加上这一带是起伏的山坡，真的像是海水涌动、浪谷波峰的花海。薰衣草把太阳的光辉化作高贵的紫色，把热量转化成了浓浓的香气。

▶ 第四章 文明法国

塞纳河岸边的咖啡馆

左岸教育文化设施多、知识分子众，右岸达官贵人多，人们评价："右岸用钱，左岸用脑。"概括说，左岸是文化大观园，文化机构和设施如花草园里百花争艳，文化气象如湖泊深渊不知深浅，文化名人多如过江之鲫，文化成果如夜空繁星。

190 —————— 卢浮宫的镇馆之宝

世界有"五大博物馆",包括法国的卢浮宫、英国的大英博物馆、美国的大都会博物馆、俄罗斯的埃米塔什博物馆(即彼得堡的冬宫)、中国的故宫博物院。卢浮宫位居博物馆之首,是人类最精美的艺术品宝库,法国人以它为骄傲是很自然的事情。

203 ·············· 蒙马特艺术风情

小丘广场是艺术人的聚集地,世界著名的大画家达利、凡·高、雷诺阿等都曾在这里落脚。作品素描、油画、版画样样都有;技法轻描、淡色、点彩、重彩变化多端;流派立体、印象、野兽、变形五花八门。这里真的是艺术宝地,好画纷呈叠现,大师人才辈出。

210 —————— 大鹏鸟与高卢鸡友好

有一句歌词唱得好:"我们的朋友遍天下。"深圳朋友很多,其中包括法国维埃纳省。法国史称高卢,深圳也叫鹏城,结成了友好城市的对子;大鹏鸟在天上飞,高卢鸡在地面跑,上下呼应,求其友声,心心相印,其乐融融。

中国企业家 vs 法国设计师

我们在美国饮马哈德逊河，努力打入全球最大的消费市场；在欧洲登顶阿尔卑斯山，向百年工业企业学习交流；在俄印巴等金砖国家市场深度耕耘，分享丰硕成果；在东北亚市场不畏强手，与日本韩国同台竞争；在亚洲新兴市场任马驰骋，开展经贸活动；在遥远的南美南非市场深度试水，建立商贸渠道……

坚定不移地走中国式现代化新路

段亚兵

2020年4月，笔者在深圳出版社出版《德国文明与工业4.0》一书，深圳出版社的领导看过初稿后，感觉内容不错，建议就这个题目多写一些内容。于是，笔者就构思写成了一套丛书，定名为"西方现代化脚印"。

西方的现代化，包括工业化、城市化等内容，是人类文明发展史中的重大事件。在这以前，人类生产发展的形态基本上是从采集，到游牧（包括渔猎），再进入农业阶段。世界的农业文明中心，出现在中东、南亚的印度和东亚的中国，还有南美洲的一些地方。这是人类社会中农垦技术最高、农业最发达的几个地区；中国也因此长时期走在人类文明的前头、成为举旗手之一。

后来，人类的历史发展出现了一次突变，以英国工业革命为代表，世界开始进入工业社会，人类文明从此进入了新的发展方向。可以将人类社会的发展比喻为江河流经大地的形态，大江奔流，浩浩荡荡，一泻千里，但是江河不可能笔直前进，一定是弯弯曲曲，转折迂回，波起浪涌的。西方现代化运动的兴起，是人类历史发展过程中的一次重大转折。

那么，西方发生的现代化运动，最早是从什么时候、什么地点萌芽的？笔者认为，起点是意大利的文艺复兴，时间大约在500多年前的14—16世纪。同时，经历了地理大发现时期(或叫做大航海时代)。地理大发现发现了新大陆，大航海时代里全球市场逐渐连成一片，从而给英国发生工业革命提供了成功的条件，于是西方的现代化事业起步了。或许可以对西方的现代化道路做这样的概括：意大利文艺复兴是西方现代化的报春花；地理大发现为西方现代化开辟了道路；英国工业革命空前提高了生产力；近代科学思想和技术进步为西方现代化插上了腾飞的翅膀；英国资产阶级"光荣革命"和法国的启蒙运动，塑造了西方现代国家制度的面貌。所以，笔者观察到的西方现代化运动，应该从意大利开始讲述。为此笔者又写了4本书，加上已经出版的《德国文明与工业4.0》，丛书就变成了5本。现在，这套书终于完稿出版。

笔者在20多年的时间里，多次到欧洲和美洲国家参观、访问、考察、旅游。就笔者的观感而言，西方在现代化建设方面确实远远地走在人类文明发展的前面。相比之下，中国自改革开放以来，特别是近20多年里开始加快现代化的前进步伐，工业化建设大刀阔斧，城市化进展突飞猛进，现代化面貌日新月异。笔者在行游中，对中西方两者不断对照比较，自然会产生许多念头和感想。在与他国人与事的接触中，一方面，笔者不断地思考如何借鉴西方的经验实现自己国家的现代化，有道是，它山之石，可以攻玉；另一方面，也切实感觉到，中国与西方之间的差别真的很大，实现现代化的道路迥然不同。

在党的二十大会议上，习近平总书记报告中用很大的篇幅论述中国式现代化问题。习近平总书记说，中国式现代化，是中国共产党领导的社会主义现代化，是人口规模巨大的现代化，是全体人民共同富裕的现代化，是物质文明和精神文明相协调的现代化，是人与自然和谐共生的现代化，是走和平发展道路的现代化。

党的二十届三中全会通过了习近平总书记所作的工作报告《中

共中央关于进一步全面深化改革、推进中国式现代化的决定》。报告中的许多论点切中肯綮、富有启示：党的领导是进一步全面深化改革、推进中国式现代化的根本保证，开放是中国式现代化的鲜明标识，中国式现代化是走和平发展道路的现代化，中国式现代化是物质文明和精神文明相协调的现代化……

通过学习二十大报告和二十届三中全会的工作报告中总书记对此问题的系统论述，以前困惑笔者的很多疑问都有了答案，笔者也对中国式现代化理论有了新认识：中国的发展道路，与西方走过的道路相比较，至少在以下几个方面完全不同。

一是没有中国共产党的领导，中国在现代化道路上步步履维艰。

中国的工业化现代化进程肇始于清末。先有洋务运动，后有戊戌变法，但都失败了。中国的第二次工业化现代化重新启动于民国，那段时期里建立起了一些以轻工业为主的民族工业。但后来在抗日战争、解放战争中，坛坛罐罐被打得稀烂。中国的第三次工业化现代化起步，是在中华人民共和国成立后的前30年中，初步建立起了中国的工业体系。第四次工业化现代化进行于1978年后的改革开放时期，终于引爆了中国的"工业革命"，取得了巨大的成功，短短40年时间里，中国跨过了高高的门槛，踏入工业化现代化的殿堂。

总结这一段历史，可以明白一个道理：中国的四次工业化现代化运动，前两次为什么失败，后面两次为什么成功，关键在于有没有中国共产党的领导。为什么只有中国共产党能够领导中国的工业化现代化事业走向成功，是因为中国共产党是由马克思主义理论武装起来的政党，是全心全意为人民服务的政党，是具有极强政治组织能力的政党。毛泽东主席有一句话说得好："领导我们事业的核心力量是中国共产党。"

二是中国进行工业化现代化，选择了一条与西方完全不同的行进道路。

西方的现代化，走的是外侵式、掠夺式的路子，而中国的现代化走的是内生性、建设性的路子，这是完全不同的两种道路。

西方列国在发家的早期，在大航海时代将手伸到国外，建立起了全球的商业网络，强占了大量的殖民地，开辟了商品的倾销市场，霸占了大量的生产原料来源地，在殖民地民众的白骨和血泪上建起了自己的商业帝国。这方面有几个突出的例子：英国曾被称之为"日不落帝国"，将手伸到了世界的各个角落；大航海时代的探险者葡萄牙，在亚洲和拉丁美洲建立了多个殖民地，包括中国澳门；西班牙从南美洲掠夺了大量的黄金和白银，当年过着世界上最豪华的生活；"海上马车夫"荷兰也占领了很多地方，染指台湾，命名新西兰，甚至在美洲哈德逊河口的一块地方建起了新阿姆斯特丹(就是如今的纽约)；比利时和法国在非洲占领了大量的殖民地，把当地民众卖为奴隶，将其财产运回宗主国。西方现代化的成功，是建立在对全世界的剥削和掠夺之上的。

中国进行工业化现代化，完全靠自己内在的力量。当然，中国对外开放，也从外国购买工业原料，向世界供应产品。但这完全是建立在平等互利商业基础上的一种贸易关系。中国实现现代化主要靠自己的辛勤劳动慢慢积累，而不是像当年的西方列强那样靠占领掠夺殖民地实现自己的原始积累。

三是中国进行的工业化现代化，目标是让全体人民共同富裕。

在西方发展过程中，我们看到了一个悖论：随着经济的发展，越来越多的财富越来越集中在少数人手里。有钱人富得流油，而普罗大众并没有得到多少实惠，反而有众多的人日益贫困化。这种情况不由得让人想起唐朝诗人杜甫"朱门酒肉臭，路有冻死骨"的诗句。以美国为例，随着全球化的发展，富人越富，穷人越穷，连中产阶级都开始慢慢地陷入贫困泥沼中。其主要原因在于：西方的现代化是资本主导的少数人的现代化，而中国的现代化是着眼于人的公平正义，走共同富裕的现代化。

中国进行的工业化现代化，之所以呈现出一种全民共同富裕的特征，是因为中国是社会主义国家，走共同富裕之路是社会主义理论的题中应有之义；而这一理论又与中国传统文化中"大道之行也，天下为公"的理念完全相符合。中国式现代化，对内是要全民共同富裕，对外是要联合世界上一切对我平等的民族国家共同发展。

本人通过写作这本书更加深刻地认识到，中国式现代化是前无古人的事业，是艰苦卓绝的奋斗，是造福人民大众的善政，是开辟新式的现代化道路模式的选择。概括起来说，中国式现代化理论是在马克思主义理论指导下对其发展的成果，也是深深根植十中国优秀传统文化土壤里的一朵绚丽的花朵。中国式现代化是新模式，与西方的现代化不可同日而语。中国式现代化走的是天下为公的宽敞大道，要实现的是共同富裕的理想社会。天下为公的治理方针能够保证可持续发展的稳定状态，共同富裕的社会才有可能建立起公正公平的理想社会。

中国式现代化道路不仅是适合中国发展的正确道路，也是有利于全球发展的锦囊妙计。中华民族愿意与普天下的众多民族走一条共同富裕的道路，实现天下大同的理想。因为中国人认识到，蔚蓝色的地球，是茫茫星空中人类唯一的家园；人类命运共同体，是一艘航行于波涛汹涌大海里的方舟。人类唯有同心携手，方能共同创造美好的未来。

人总是通过他者认识自己。只有深入地了解别人，才能更好地理解自己。仔细研究别人的得失，有利于做好自己的事情；观察别人的走过的路，方可以有把握地确定自己的行动：他人成功的经验是我们可以吸收的营养，他人的失误是对我们的警示。在他人的挫折里吸取教训，可以帮助我们避开道路上的大坑；分析他人走弯路的教训，有可能给我们弯道超车的机会。

这就是笔者要写作这一套丛书的目的。

文明在接触交流中进步

段亚兵

我退休后有了一些机会去国外走动。异国情调，目不暇接；所见所闻，收获良多。去欧美一些国家感觉收获更多一些。思索观察欧洲国家为什么能够率先踏上现代化的道路，是一个饶有趣味的研究课题。

近几年德国的制造业发展引人注目，率先提出了"工业4.0"的概念。受到启发，我产生了写一本介绍德国文明的书的想法。书稿完成后，与出版社的几位编辑讨论聊天，大家认为，包括德国在内的欧洲国家走出了一条不同凡响的道路，在人类文明发展史上创造了奇迹。有一位编辑来建议说："既然开始研究德国文明的发展，那能不能将视野再放宽一点，多写几本欧洲其他国家的书，探讨西方现代化文明发展的路径。这位编辑的话让我头脑快速运转起来，打开了我多年所见所闻的记忆和不断思考的闸门。于是，写作"西方现代化脚印"丛书的想法逐渐成熟，我初步考虑写作5本，包括德国、意大利、西班牙、葡萄牙、荷兰、英国、法国等。我认为研究西方现代化文明发展史，应该从文艺复兴开始谈起，讲述大航海时代，评说启蒙运动，探讨工业革命发生的原因等，落脚到德国的工业4.0。以上是西方现代化过程中的几个重要节点。如果按照这个逻辑，我目前的写作顺序已经反了，德国文明的书稿已经写成，只好再倒叙其他国家的故事。好在这不是一部学术著作，结构方面不必严格要求；而是一本文化思考的书，顺序可以灵活安排。

打开西方现代化文明发展的历史画卷可以看清楚一个事实：现代文明虽然最早出现在欧洲，但这是人类古代文明综合发展的结果。

首先，西方现代化文明发展的源头和传承路线复杂，古希腊文明是其源头之一。虽然古希腊地处欧洲，但是古希腊文明的智慧并不是直接、自然地流传到近代欧洲，而是经由阿拉伯文明作为二传手的。在长达千年的中世纪里，古希腊文明的智慧被阿拉伯文明继承并发展，反哺欧洲引发文艺复兴运动，成为欧洲现代化文明发展的思想动力和智慧宝库。

其次，欧洲的文明发展受到了世界其他文明发展的影响。以中国与欧洲的互动为例。中国与欧洲分处在欧亚大陆的东西两端，虽然地隔万里，但是中国与欧洲文明的交流实际上一直在进行。威尼斯人马可·波罗在监狱里口述在中国的见闻，成书后在欧洲引起了轰动。欧洲人发现东方大国的繁荣富裕后思想不再平静，产生了想要与东方往来的强烈愿望。大航海时代是欧洲迈进现代化的一个重要历史时期。然而，在哥伦布探索新大陆之前的半个多世纪，明朝的郑和就已经完成了下西洋的壮举。两个船队的航船大小和船队规模不可同日而语，中国的航海技术为哥伦布等西方航海家的探险提供了智力支持。

回顾历史只想说明一个观点：文明是在接触交流中发展的。一个文明善于向其他文明学习借鉴，才能不断取得进步；如果自我封闭起来，拒绝学习和交流，这个文明就会落后、衰败，最终被历史淘汰。

当然，文明体之间有竞争，有挑战，甚至有冲突。英国著名学者汤因比提出的"文明的挑战和应战"理论给人启发，美国学者亨廷顿提出的"文明冲突"理论也值得思考。也许，文明是在挑战应战中产生和发展，也是在冲突中毁坏和更新。总之，不管是主动地学习、自愿地借鉴也好，还是被动地应战、严重地冲突也好，文明总是在接触、冲撞、交流、融汇中发展。

习近平于2019年在北京召开的亚洲文明对话大会上谈到了这个道理。他认为，文明交流应坚持开放包容、互学互鉴，如果长期自我封闭，文明必将走向衰落。他说："我们应该以海纳百川的宽广胸怀打破文化交往的壁垒，以兼收并蓄的态度汲取其他文明的养分，促进亚洲文明在交流互鉴中共同前进。"

写这套丛书有两个目的：一是研究欧洲诸国实现现代化的历程，看看西方为什么会后来者居上，在历史发展中走在前面，它们在现代化道路上行走中有些什么经验和教训可为我参考。二是明白开放的环境、积极对外学习的态度有利于自身文明发展的道理。自我封闭是危险的，拒绝文明交流是愚蠢的。他山之石，可以攻玉。我特别喜欢费孝通老先生讲的一句话："各美其美，美人之美，美美与共，天下大同。"短短16字，说出了人类文明体应该互相尊重、互相学习，才能有利于文明发展的大道理。

第 章

启蒙思想横空出世

巴黎印象

一杯陈酒让人陶醉，曾经美景令人沉迷，美好的事物经历一次终身难忘。

巴黎就是一座极美好的城市。我多次到过巴黎，总有看不够的感觉，次次都有新收获。来时眼睛不够用，别时恋恋不舍，城市模样五彩斑斓，景观令人眼花缭乱，文化丰富多彩，历史惊心动魄。虽然来过数次，每次只能观看一小部分，对万花筒般的城市能够了解几分？在大海边广阔的沙滩上能够捡到几个贝壳？令人无可奈何，又心有不甘。巴黎始终给人冷艳美丽和神秘莫测的印象。

如果将巴黎比做花园，这是一个百花盛开、彩蝶飞舞、绚丽多姿的美丽世界；如果把巴黎比做美女，则是一位丰满成熟、风情万种、魅力无穷的少妇；如果将巴黎比作色彩，它是一个染料混杂、五光十色、万紫千红的调色板。巴黎拥有高贵的气质、复杂的性格、多变的面容，以下试着描述一番吧。

⦿ 巴黎的美在于塞纳河的碧波在城市中流淌　摄影/段亚兵

蜗牛巴黎

　　巴黎的城市规划得很像一只蜗牛壳，中心点是西岱岛（亦名西提岛），以此为起点，顺时针方向，一圈一圈地展开，全市分为20个区。

　　这是一种独特的城市规划。城市规划一般分为几种——严格的规划：画出一块地方，城墙围绕，四方四正，横平竖直，像唐朝的长安、明清的北京、美国的华盛顿、阿根廷的布宜诺斯艾利斯；或者像大树生长，城市先确定树身一样的主干道，然后长出侧枝一样的次干道，再长出小巷里弄的细枝，连接着树叶一样的居民区，世界上多数城市是这样形成的。巴黎应该是两者的结合，有比较强的规划意图，然后随着地形条件，一圈一圈自然地向外发展，最后成了像蜗牛一样的城市。

◉ 卢浮宫门口　摄影/段亚兵

　　这只蜗牛的中心点在西岱岛上。该岛位于巴黎母亲河——塞纳河水中央，东头有著名的巴黎圣母院，西头是巴黎古监狱，巴黎公路的原点也在这个岛上。再往东是相邻的圣路易岛，两条小道连成一条长长的河心岛，像一艘游艇漂浮在秀丽的长河中央。

　　西岱岛不算大，但是地位重要，因为它是巴黎历史的诞生地。公元前时候的巴黎一带还是蛮荒之地，森林密布，遮天蔽日，塞纳河穿林而过。河流中央有一个适合生活的小岛，当地人叫它吕岱安岛。罗马帝国皇帝恺撒率大军占领此地，将其变成了罗马的高卢行省。罗马人在岛上修道路，筑堡垒，建宫殿，立神庙。根据最早生活在岛上居民是巴黎希人的情况，将这个岛改名为巴黎。后来的巴黎不断发展外溢，从岛内到岛外。塞纳河的北岸叫右岸，主要是行政区；南岸叫左岸，是著名的文化区。

秀水巴黎

巴黎之美，美在塞纳河。凡是有大江大河的城市，自然有一股秀美之气。河流本身就是美丽的景观，蓝色的水流滚滚流淌，翻波卷浪，让城市充满了动感，弯弯曲曲的河流像蓝色的丝绸，从黑黝黝的大地上飘过，让巴黎美人显得分外妩媚。清澈的河水滋润两岸，给土地铺上绿色的地毯，长出茂密的森林，哺育人民生活生长，建起了漂亮的城市。

巴黎最美丽的景观就在大河两岸。据说塞纳河上有30多座桥梁，桥梁连接两岸，方便居民往来，本身构成了巴黎景观的一部分。有的豪华大气，显示出帝王之都的威严；有的简约却形状优美，优美的曲线划过天空如彩虹；有的高贵典雅，充分表现出了巴黎优雅的文化气质；有的钢铁打造，表现出工业革命的千钧力度。最吸引游人的要算亚历山大三世桥，该桥豪华大气，金碧辉煌，将香榭丽舍大街和荣军院广场连接起来。这是1900年法俄两国关系密切时沙皇送给法皇的一份珍贵礼物——建桥以庆祝两国结盟。

来巴黎观光，泛舟塞纳河是不可少的项目。我们从埃菲尔铁塔附近的码头登上游轮，坐在宽敞的游艇大厅中。游艇开船了，犁开清波，破浪前行，看着岸上

◉ 巴黎埃菲尔铁塔

各式各样的建筑，听着耳机中汉语女导游甜美的解说声，历尽沧桑的古老宫殿的身世慢慢被揭开，悠然产生出一种穿越历史长河的感觉。不知不觉中来到了巴黎圣母院的脚下，这里是西岱岛的东头，再东面是圣路易岛，两岛之间有圣路易桥相连。游艇不再往前开，在两岛之间的水域转弯掉头，从北面的另一条水道顺流而下，回到了原来的码头。塞纳河流速平缓，水波不兴，一去一来，大约一个多小时。

在塞纳河上观看河岸建筑是独特的视角。右岸（河北岸）的大小皇宫雄壮威严，不可一世的法皇曾如日中天威震欧洲；左岸（河南岸）大学区书香氤氲，成为培养法国精英的摇篮；西面的埃菲尔铁塔傲然屹立，尖尖的塔尖刺向蓝天；东面的巴黎圣母院雄踞滩头，神圣的气氛虽然看不见却能感受得到。

文魅巴黎

巴黎是启蒙思想的诞生地，涌现出伏尔泰、卢梭等一批启蒙思想的旗手。启蒙思想颠覆了传统思想，让皇权理论倒塌，人权思想风靡欧洲大陆。

巴黎是文学的沃土。一批文学大师横空出世，雨果、巴尔扎克是其中的佼佼者。他们的著作在全世界出版发行，至今得到各国文学青年的喜爱。

巴黎是奢华文化的温柔乡。凡尔赛宫无论是建筑水平还是王室的生活方式，都成为欧洲各个王朝模仿的楷模。法国王室和贵族的生活精致和享乐在路易十四时代登峰造极，但奢华的生活是以劳苦大众生活日益贫穷为代价的，可是欧洲所有的王公贵族却对此羡慕，着迷，模仿。

巴黎的卢浮宫等博物馆里收藏了来自世界各地的艺术品，其中许多藏品是拿破仑在各次战争中劫获的战利品。正是这些文物和艺

⊙ 笔者在巴黎凯旋门前留影

术品，每年吸引着来自世界各地的巨量游客浩浩荡荡奔赴巴黎观光
旅游。

巴黎极有文化品位。在很长一段历史时间里，巴黎精彩的
文化塑造了欧洲，甚至影响到全世界。各国的上流社会都以说法
语、看法语书、唱法语歌为时髦和光荣。18世纪末，卡扎诺瓦如是
说："只有在巴黎才是生活，在其他地方仅度日而已。"而按照19世
纪法国著名作家龚古尔兄弟的说法："（那个法兰西）是如此之以
其声誉为荣，如此之充满了优雅和一种稀世的美妙——那个18世纪
文质彬彬的法兰西——以至于它变成了一个社交的世界，影响了全
欧洲，成为一切民族的一所礼仪学校，成为社会风尚的准则，直到
1789年。"

◉ 巴黎小凯旋门非常有名，位置在卢浮宫前面
摄影/段亚兵

烈火巴黎

巴黎是充满革命气质的城市。街景繁华的香榭丽舍大街上，整日人群川流不息，游客涌进高档豪华的商场购买各种奢侈品，目睹这种热闹景象，很难想象18世纪的一段时间里，街头上出现了一道道街垒，愤怒的民众拿起武器反抗暴君。

向东走出香榭丽舍大街，我们来到了协和广场。大革命时期这里被称作革命广场，狂热的革命者在广场上立起了断头台，国王和许多贵族在这里被斩首。如今断头台已经拆除，广场的名字也由"革命"改成了"协和"。也许经过大革命狂飙洗礼后的人们，渴求过上一种平静而和谐的生活吧。

　　我们再东行来到巴士底广场，寻找革命的遗迹。这里曾经有封建堡垒的象征——巴士底狱。大革命中，起义的市民攻下了监狱，将其夷为平地。现在这里高耸着一座52米高，被称作"七月圆柱"的青铜纪念柱，以纪念为革命献身的市民。1789年7月14日——巴黎人民攻占巴士底狱的这一天被定为法国国庆日。

　　再东行，最后我们来到了拉雪兹神甫公墓东北角的巴黎公社社员墙。巴黎公社不仅是抵抗打到巴黎家门口的普鲁士军队的最后阵地，更重要的意义在于它是市民群众自己管理城市的一种尝试。最终，巴黎公社被普鲁士军队支持的梯也尔政府残酷镇压，最后一批巴黎公社成员被屠杀于拉雪兹神甫公墓，在他们倒下的地方后来建起了社员墙。巴黎公社是人类崭新政治制度一次可贵的创新实验，巴黎公社精神永存。我们给巴黎公社纪念墙献上了一束洁白的鲜花。

　　后世的历史学家对法国大革命的评价并不完全一致。有人认为法国大革命过于激烈而失控，代价巨大；有人从发展的角度将英国与法国进行比较，认为英国的工业革命对人类文明的贡献更值得赞誉；而更多的历史学家对法国大革命给予了高度评价，认为法国大革命与英国工业革命是欧洲献给人类世界的两个珍贵的礼物。

先贤祠里的民族英雄

先贤祠的前身是神庙

巴黎不愧是人类文化文明的宝库，值得看、吸引人的项目琳琅满目。游人的兴趣爱好可能不大相同，如果能在巴黎待上数天，笔者建议能够将先贤祠列入游览计划。先贤祠里安葬着法国历史上各种最著名的人物，通过了解人物名单和每个人背后的故事，可以快速认识法国对人类思想文化的贡献，探讨法国在现代化道路上迈进的奥秘。

这一天我来到先贤祠参观。先贤祠（Le Panthéon）位于塞纳河左岸的拉丁区。建于路易十五时代，原是一座教堂。所幸在1789年的大革命中没有被毁坏。1791年被收归国有后，改为埋葬伟人的墓地。

到了祠堂前猛一见面，感觉眼熟，好像以前曾经见过。想起来了，此建筑与罗马的万圣殿有几分相似。这是一个十字形的建筑物，中央凸起一个高高的筒状大楼，屋顶是圆形的穹顶，就是这一部分特别像万圣殿。

站在建筑正面，感觉又有点像雅典卫城的帕特农神庙。六根双排高大的柯林斯式廊柱，顶着一个巨大的三角形门楣山墙。山墙

⊙ 巴黎先贤祠雄伟庄严　摄影/段亚兵

上有精美的浮雕，作品的名字叫《在自由和历史之间的祖国》，由雕塑家大卫·丹热创作于1831年。浮雕中间站的代表"祖国"的女神，手里拿着一个花冠分赠给左右的人们，这些人群分别代表"自由"和"历史"，这显然是经过法国大革命洗礼后的作品。在屋檐下面有一行法语大字横幅，翻译成汉语是："献给伟大的人们，祖国感谢你们"（法语原文：AUX GRANDS HOMMES, LA PATRIE RECONNAISSANTE）。

进入大堂，更加感觉到建筑的空旷和高大，像是进入了巨大的溶洞、天坑，令我想起了以前参观万神庙时的印象，整个大殿四壁没有窗户，顶上有一个大大的圆窗，光线从天窗照射进来，营造出一种神秘的气氛。先贤祠结构其实不太一样，这里最初是按照教堂设计的，四壁有许多彩色玻璃的窗户，后来为了模仿万神殿的效果，将四壁的窗户全都封死了，只留下穹顶上的一些窗户，让光线从顶部照射进来洒满大堂，竟然也产生出了万神殿光影的效果。

最先进入视野的是大堂中央从顶端到地面挂着一条长67米的钢绳，底端拴着一个重达28公斤的金色金属圆球。圆球的下方有一个巨大的沙盘，随着圆球环形转动，圆球下的一个钢针在沙盘上画出圆形的轨迹。这个装置名叫"傅科摆"，是由法国物理学家傅科于1851年发明的，用于证明地球的自转。

我对"傅科摆"产生了极大的兴趣，可惜的是导游对此了解有限，问不出更多的背景信息。我大概猜想一下，以前按照教会"上帝创造世界和人类"的理论，地球是宇宙不动的中心，太阳星辰围绕着地球旋转。哥白尼发现了太阳才是宇宙的中心，推翻了天主教神学的错误理论。虽然哥白尼日心说有其局限性，但也动摇了上帝创造世界的理论大厦的基石。对这个颠覆性的理论理论家能够理解，但怎样证明给老百姓们看，让他们也相信呢？于是傅科发明这个装置用来证明这一理论。我琢磨，傅科摆只能证明地球在自转，但估计没有办法证明地球围绕太阳的公转吧。尽管如此，这已经

◉ 游人对先贤祠大堂里的"傅科摆"感到神奇
摄影/段亚兵

⊙ 大堂里最重要的位置摆放
着一个名为"国民公会"
的大型群雕　摄影/段亚兵

是一个极其了不起的发明，让顽固不化的天主教神父无话可说。

　　之所以在这件事多花一些笔墨，是为了说明当时的法国科学已经有了足够的发展，完全可以打败神学的荒谬迷信。这种进步是法国启蒙运动的成果之一，"傅科摆"是一个极有说服力的例子。

　　大厅里也有许多柯林斯圆柱，柱子背后的墙面上有许多大型壁画，柱子之间有一些雕塑，除此之外没有杂物，大堂显得空旷整洁。壁画主要讲述法国的历史，多幅画面连续讲述一个故事，像连环画一样。例如，公元451年，巴黎女孩热纳维耶芙，曾带领人民抗击阿提拉的匈奴军队，死后被奉为巴黎的主保圣人；公元800年时查理曼大帝被罗马教皇利奥三世在罗马圣彼得教堂洗礼加冕，成为罗马人的皇帝；15世纪英法百年战争时，在法军面临全军覆没的危险时刻，圣女贞德奋起带领法国军队对抗英军扭转了战局，后来却被法王抛弃，出卖给英国人，最后被宗教法庭判处火刑等。

雕塑多与法国大革命有关。摆在大厅正面的是一座最大、人数最多的雕塑群，起名为《国民公会》（LA CONVENTION NATIONALE）。创作者是法国雕塑家席卡尔。国民公会产生于法国大革命后的1792年，为法兰西第一共和国制定出宪法。雕塑的中心人物是玛丽安娜，只见她站立台上，右手握着长剑，左手按在半根柱子上。玛丽安娜是创作出来的艺术人物，是法兰西共和国的国家象征。她的形象遍布法国各地，最著名的一座铜像矗立在巴黎的民族广场上，象征着"共和的胜利"。她脚下的石台上刻着一条标语，就是法国著名的格言：不自由毋宁死（VIVRE LIBRE OU MOURIR）。她两边的台下站着许多人。右边是一群穿着燕尾服的绅士，向她举手好像呼吁什么；左手的台下是一队法国军队，将军骑在大马上威风凛凛，最前面的两个士兵敲着军鼓开路，场景像是打完胜仗后凯旋归来。

先贤祠的法文名Panthéon，源于希腊语，含义是"所有的神"。雅典卫城的巴特农神庙（Parthenon），就是供奉雅典城的保护神雅典娜的神殿。罗马的万神殿（Pantheon），是罗马帝国供奉万神的神殿。在罗马后来专定基督教为国教以前，罗马是多神教国家。罗马的各路神仙与希腊奥林匹亚山上的众神多数是一样的，只是名称叫法不同。

从供奉神仙的神殿变成安葬纪念民族英雄和名人的殿堂，这个变化是空前的，巨大的，颠覆性的，标志着人的社会由神主宰变成了人为主人。在欧洲土地上，这种变化首先发生在法国，由此可以领悟到法国大革命对社会起到了何等巨大的推动作用。发生法国大革命的原因是多样的，其中法国启蒙运动的思想引领肯定是主要原因之一。

地宫里的名人

从大堂的一个角落里顺着宽敞的楼梯可以下行到地宫。地宫就是墓地修建得很宽敞，中间一条宽敞的大道笔直向前，通道两边修建出一个个的房间，每个房间里安葬有数个人。房间的门口有门牌号码，修建地宫使用的是花岗岩大理石一类的高档石材，通道地面光滑，房间宽敞，石棺高档，加上明亮的灯光，环境整洁，敞亮，完全不是想象中墓地阴森森的景象。

既然先贤祠是安葬国家民族最有名望的英雄名人等，辞世后能够进入当然是最高的荣誉，由此可知有资格进入此殿堂的人数量肯定不会多。据导游介绍，截至2018年，荣归先贤祠的共有72人。其中社会各类人员都有，政治家仅有11位。

其中笔者比较熟悉的人有：科学家居里夫妇、马塞兰·贝托洛（有机化学家），数学家拉格朗日，文学家维克多·雨果、爱弥尔·左拉、大仲马、安德烈·马尔罗，音乐家柏辽兹等。

我想重点说一下伏尔泰和卢梭。这两位思想家葬于地宫最显要的位置，而且各自享有一个墓室。

伏尔泰墓室前，立有一尊他的雕塑。他身着古罗马托加长袍，右手下垂捏着一支鹅毛笔，左手上举托着一卷手稿。头颅向上扬起，面带冷笑，一副冷峻的样子。伏尔泰的棺木上写着这样一行字："他拓展了人类精神，他使人类懂得，精神应该是自由的。"然而，墓地里只有伏尔泰没有心脏的遗体，他的心脏在另外一个地方——法国国家图书馆，保存在图书馆珍藏的一个小盒子里，盒子上刻着他自己说过的一句话："我的心脏在这里，但到处是我的精神。"

我曾在波兰华沙看到过另外一个人遗体与心脏分离的情况。大钢琴家肖邦去世时，遗体被安葬在巴黎的拉雪兹公墓中，后来有条件后，按照他本人"把我的心脏带回祖国"的遗愿，心脏被带回华沙，安葬于华沙圣十字教堂一根柱子中。遗体与心脏分离，这在中国人看来是比较奇怪的事情。肖邦是因为当时条件不允许，迫不得已；但是伏尔泰的情况不知道是为什么，也许在他看来精神和肉体是可以分离的，所以心脏与肉体在不在一起无所谓，反正他的精神传到了世界各地。

卢梭的棺椁有些特别，外形被设计成小寺庙的模样。墓门微启，门缝里伸出一只手，手里握着一把熊熊燃烧的火炬。棺木上写着："这里安息着一位自然与真理之人。"

两人的墓室一左一右安排在同样的位置，显示出他们两人地位的相若；而左右相对，又暗示两人的观点有一定的分歧之处，安排者颇费心思。

伏尔泰和卢梭是同时代人，伏尔泰年长18岁。两人都是法国资产阶级革命初期杰出的思想家、哲学家；两人又都是法国大革命的先驱、思想启蒙导师。相比之下，伏尔泰更温和，卢梭更激进。歌德评价说："伏尔泰结束了一个旧时代，而卢梭开辟了一个新时代。"法国大革命中法皇路易十六被囚禁在杜伊勒里宫时，他回想往事痛定思痛说："（伏尔泰、卢梭）这两个人灭亡了法国。"

这两位思想家太重要了，他们的哲学思想不光影响了法国的历史进程，而且影响了全世界，值得重墨单独介绍。

旧时代的掘墓人伏尔泰

伏尔泰其人

伏尔泰（1694—1778），巴黎人。实名为弗朗索瓦·马利·阿鲁埃，伏尔泰是他的笔名。伏尔泰出生在一个富裕的中产阶级家庭，从小受到良好的教育。父亲弗朗索瓦·阿鲁埃是一位法律公证人，希望子承父业，就送儿子进入巴黎最好的学校上学，后又让他到法律专科学校学法律，指望培养出一名法官。但伏尔泰却迷恋于诗歌创作，经常逃学，创作一些讽刺诗，挖苦抨击社会丑恶现象。写讽刺诗给他带来了麻烦。一次因写诗讽刺摄政王奥尔良公爵被流放；又有一次因写讽刺诗影射宫廷的淫乱生活，被抓起来关进巴士底狱11个月。没想到，在狱中他竟然写出了第一部剧本——悲剧《俄狄浦斯王》，就是在这一次他启用了"伏尔泰"笔名。1718年该剧一上演就大获成功，为他赢得了"法兰西最优秀诗人"的桂冠。

伏尔泰有学习语言的天赋，在高中时他就学会了拉丁文和希腊文，后来更是熟练掌握了英语、意大利语和西班牙语。掌握多种语言，不仅方便了他读书创作，而且对他的社会交往有极大的好处。正是这些交往让他视野开阔，思想独特，文笔锐利，成为当时最有名的学者、思想家和文学家。

这几年我行走欧洲，在多国听到过关于他的故事。例如，伏尔泰遭人诬告后，又被投入巴士底狱坐牢一年，出狱后被驱逐出境，因此他在英国流亡3年（1726—1728年）。在此期间他详细考察了君主立宪的政治制度，形成了他反对封建专制主义的政治主张和自然神论的哲学观点，写成了《哲学通信》一书。这是他的第一部哲学和政治学的专著。我在英国伦敦西敏寺参观时，听到了这样一个故事。牛顿去世后，英国为他举办国葬出殡仪式，并安葬在威斯敏斯特教堂。伏尔泰参加了这场葬礼，对出身卑微的科学家享受到如此崇高的敬意感到震惊。他写道："我见到了一位数学家仅因为他在职业上的伟大成就，就像一位功德无量的国王那样，享受臣民为其举办的高规格葬礼。"

◉ 伏尔泰雕塑安放在先贤祠伏尔泰墓室前
摄影/段亚兵

他当然认为牛顿是最伟大的人，因为"他用真理的力量统治我们的头脑，而不是用武力奴役我们"。

再例如，我在德国到波茨坦参观无忧宫时听到了另外一个故事。1750年，伏尔泰应普鲁士国王腓特烈二世（腓特烈大帝）邀请来任职。此前两人书信来往已有十几年了，国王十分欣赏伏尔泰的才华，伏尔泰也将腓特烈大帝看成是开明君主。国王在信中这样赞扬伏尔泰："你的成就如此非凡，能够生而和你这样的人做同代人，我认为是我一生无上的荣耀之一……让人开怀大笑，这可不是每一个人都能办到的事啊。"国王赠给他一本自己写的书《反马基雅维利》，其中写到君主的责任，伏尔泰读后"高兴得眼泪都流出来了"。但是见面后最初的热情很快就消失了，两人互相有了负面的看法。国王嫌其文人散漫固执，有时还带点酸气；而伏尔泰发现国王其实是比较专制的，想象中的"开明君主"的光环很快褪色。后来因为伏尔泰与国王邀请来的其他科学家发生争执，而国王又偏向后者，导致两人分手。这种情况很像两个没有见面就谈恋爱的热恋恋人，在书信中甜言蜜语，山盟海誓。但见面后感觉不是那么回事。用一句网络时代的话概括：见光死！

这两个故事说明什么呢？故事表明了伏尔泰的政治态度。他想象能够遇到有抱负、有能力的"开明君主"，值得为他效力；希望能够遇到国王民主而不专治，就像英国的君主一样，尊重民间力量，发挥出国民的潜力；更是盼望国王有担当精神，承担起君主的责任，带领国家走向富强。

伏尔泰极力推崇开明君主制，但这一思想并没有得到路易十五的回应。倒是欧洲其他一些君主态度不同，除了普鲁士的腓特烈二世外，俄国女皇叶卡捷琳娜二世也对伏尔泰表现出极大兴趣，她还把法国另一位有新思想的学者狄德罗请到了圣彼得堡。这些君主善待伏尔泰，是因为感觉到了他的思想代表着时代潮流；他们不想逆潮流而动，对时代的变化抱有畏惧心理，想利用伏尔泰为自己的形象镀上一层"开明君主"的亮色。

离开普鲁士后，伏尔泰在法国和瑞士边境一个名叫凡尔纳的地方置购房产定居下来。此后他全心投入到火热的启蒙运动中，一方面他用化名写作和印发了大量小册子，抨击天主教会和新教的宗教迫害、专制政府草菅人命等罪行；另一方面他支持年轻一代的启蒙思想家特别是百科全书派的斗争，积极为他们撰写条目，《哲学辞典》就是他为《百科全书》所写的哲学条目的汇编。

伏尔泰一生创作了50多部戏剧作品、大量哲理小说和历史著作。不光产量多，而且质量也高，他用如椽的大笔，拨开重重迷雾，清除途中荆棘，为法国大革命开辟了道路。

反教会的斗士

伏尔泰对宗教是什么态度？他信教吗？这是一个令人饶有兴趣的话题。

伏尔泰痛恨教会，认为大主教是"一些狡猾的人布置的一个最可耻的骗人罗网"，尖刻地抨击天主教会的黑暗统治。他把教皇比作"两足禽兽"，把教士称作"文明恶棍"。他的终身奋斗目标就是"踩死败类"。

伏尔泰不是那种只能简单谩骂对手的人，他有对人们司空见惯的各种生活现象深刻剖析的认识分析能力，而且有用辛辣笔端将自己的见解生动表达出来的文笔水平，这也正是教会特别惧怕伏尔泰的原因。

他认为教会创造的上帝是一个天大谎言，而宣扬这个谎言的逻辑又是极端荒谬，经不起推敲的。为此，他在《耶稣会士自中国被逐记》一文中，杜撰了一个在华的耶稣会士与雍正皇帝关于圣母玛利亚的一段对话：

会士："上帝之母实则并非骨肉之躯，而是木雕一具。我们有些兄弟言此像实为其子上帝所雕，上帝为一出色之细木工。

雍正："一个木匠上帝！上帝为一女子所生！此话令朕惊叹不已！"

会士："哦，陛下，她并非一成年女子，实乃一小丫头。她确已婚配，并生有另两子，均名雅克……然确是十足的童贞女。"

雍正："什么？她有子，却仍是童贞女！"

会士："确实如此。事情恰妙在，正是上帝使其产下一子！"

雍正："朕不知此话怎讲？卿方才称其为上帝之母，莫非上帝与其母同床后又生下自己？"

会士："圣上英明，所言极是，对圣事，您已悟到些精髓了……"

这段话让任何一个高明的教士都很难批驳，而站在一边看热闹的读者看了都忍不住要哈哈大笑。你说教会恼火不恼火？

总之，伏尔泰认为教会嘴里的上帝是骗人的鬼话，目的是为当权者统治人民群众服务的。他说："即使没有上帝，也要造出一个上帝来。"

就是到了伏尔泰临终前，他的批判精神仍然丝毫不减。据说，伏尔泰在安排自己后事时这样交代："去世后，自己的棺材一半埋在教堂里，一半埋在教堂外。"这句话的意思是这样的：如果上帝让他上天堂，他就从教堂这一头上天堂；如果上帝让他下地狱，他就从棺材的另一头悄悄溜走。从精神上说，伏尔泰对教会毫不妥协；从说话水平上说，伏尔泰嬉笑怒骂皆成文章。遇到这样的批判对手，教会只能是被批得体无完肤，且没有还手之力。

果然，伏尔泰有先见之明。去世后教会仍然不肯放过他。不得已，他的遗体不得不秘密地运到香槟省，安放在一个小礼拜堂内。直到1791年法国大革命期间，人民才把他的遗体运回首都，并在他的枢车上写着："他教导我们走向自由。"他的骨灰从此长眠在巴黎先贤祠中，受到人们的凭吊和瞻仰。

之所以详细讨论伏尔泰的信仰问题和他对宗教的看法，是因为这是启蒙运动的核心问题之一。启蒙运动有两个焦点：一个是反对教会，把人们从神学的迷雾中解放出来；另一个是人自己能够认识自己，这是一种理性精神。

伏尔泰是理性学说的导师。他认为理性是历史前进的动力，即"人依其理性以认识自然，也依其理性以改造社会。发扬理性，就是推动历史；蒙蔽理性，就是阻碍进步"。他认为人类历史发展到今天，只有四个时代是理性彰显和值得赞美的时代：希腊时代艺术和科学的第一次繁荣；恺撒和奥古斯都的罗马时代；文艺复兴时期学问、科学和美术重新发展；路易十四时代，"人类理性已臻成熟"。至于其他时代，世界呻吟在愚昧、野蛮和迷信的统治之下。他断言，人只有在自己的人格与自由得到尊重与保障的前提下，才能发挥自己的理性，推动社会繁荣。

伏尔泰有一句主张言论自由的话语流传得很广："我并不同意你的观点，但是我誓死捍卫你说话的权利。"没有想到，在200多年后的1988年，在改革开放的"试管"深圳蛇口，伏尔泰的这句话又一次发挥了影响。在一场"青年教育专家与蛇口青年座谈会"上，有一位来自北京的思想教育专家在讲课中说道：来深圳的个别人是为了"捞一把"，经济特区不欢迎这样的"淘金者"。当场就有青年反驳说："淘金者"赚钱没有犯法，不能说有错；"淘金者"的直接动机是想赚钱，但客观上也为蛇口建设出了力，没有什么不好。青年的反驳让教育专家们面子挂不住，酿成了"蛇口风波"。后来处理蛇口风波时，最亮眼的是当时蛇口管委会领导袁庚的表态。他这样说："既然不是到这里来传经送道，就不能只允许一家之言；既然是座谈，大家就都可以发言，我非常赞赏这句话：'我可以不同意你的观点，但我誓死捍卫你发表不同意见的权利。'这是保卫宪法赋予的言论自由的神圣权利，不允许在蛇口发生以言治罪的事情。"袁庚的话与"蛇口风波"事件一起传遍了中国。当时大家不知道袁庚引用的是谁的话语，后来一查才知道这是200多年前伏尔泰说的话。锐利的思想好像是神奇的飞箭，能够穿越时空，真让人叹服！

塞纳河畔的咖啡馆

在巴黎西岱岛南岸的塞纳河边有一座咖啡馆，名为"伏尔泰咖啡馆"。实际上这里并不是伏尔泰饮咖啡的地方，而是他最后的居所。1778年伏尔泰回到巴黎时，万人空巷，群众上街向他欢呼致敬，场面之大令任何一次皇家仪式都黯然失色。这年3月30日，已经84岁高龄的伏尔泰前往卢浮宫参加一个学术会议。晚上，剧院特意安排上演他的诗剧《伊莱娜》，演出结束后，伏尔泰被簇拥到舞台上，演员们为老人戴上了月桂花环。这是莫大的荣誉！在法国人心目中，伏尔泰就是一位思想和艺术的君王，他被誉为"法兰西思想之王""法兰西最优秀的诗人""欧洲的良心"。著名作家维克多·雨果说："伏尔泰的名字所代表的不是一个人，而是真正一个时代。"

伏尔泰深得民心，他的影响越过法国，冲出欧洲，在世界范围内产生了影响。这方面可以讲出许多故事。

18世纪60年代的一天，一个法国邮政员分拣邮件时，发现了一封奇怪的邮件。邮件上没有收信人的姓名和地址，只是这样写道：

寄给：诗人之王、人民的哲学家、欧洲的守护神、祖国的喉舌、国王的历史学家、英雄的歌颂者、风雅事物的最高鉴赏家、艺术的保护者、惜才的善人、天才的知己、一切迫害的谴责者、宗教狂的对头、被压迫者的救星、孤儿的慈父、富人学习的榜样、穷人的靠山、善人的典范。

邮递员看傻了，这个邮件怎么送？他左思右想，好像只有一个人配得上这些头衔。于是他把邮件送给伏尔泰，没想到真送对了。

在伏尔泰咖啡馆的墙面上刻着一行字："伏尔泰1778年5月30日在这里去世。"

伏尔泰最大的贡献是什么？思想界公认，伏尔泰是法国资产阶级启蒙运动的旗手。启蒙运动确立的许多原则，至今仍为世人秉承，而其中最根本的一点，就是马克思所说的："使他认识到自己是人。"在一个大写的"人"字之下，"自由"和"平等"构成价值核心。

新时代的开拓者卢梭

卢梭其人

让-雅克·卢梭（1712—1778），瑞士日内瓦人，出身于一个钟表匠家庭。母亲在他出生后不久去世，父亲早年出走，从不管这个孩子。卢梭从小寄宿在舅父家，后来开始了近20年的流浪生活，当过学徒、仆人、私人秘书、乐谱抄写员等，一生颠沛流离，尝遍了人间的苦楚。尽管生活艰辛，他却酷爱读书，钻研学问，特别是哲学理论，为他日后的发展打下了坚实的学术基础。

33岁时卢梭遇见贵人——编辑《百科全书》的狄德罗，深受他的影响。几年后，受狄德罗的鼓励，卢梭参加了法国第戎学院举办的"科学和文艺的复兴是否使道德淳化？"征文奖竞赛，其论文《论科学和艺术》获得头等奖，从此卢梭一举成名，引起了巴黎人的注意。

4年后的1753年，第戎学院举行第二次征文比赛，这次的命题是：人与人之间的不平等起源为何？其是否为自然律所认可？看到这个极敏感的政治性题目，卢梭既惊讶又兴奋，他对朋友说："既然学院有胆量提出问题，我就有勇气回答。"他这次写出的论文题

⊙ 卢梭棺椁外壁制成墓室模样，墓门门缝里伸出一
只握着火炬的手　摄影/段亚兵

目是《论人类不平等的起源和基础》。不知学院的评奖人员是否有点心虚，没有让这篇论文获奖，然而他们没有想到这篇文章不仅成为人类学术史上最有影响的政治论文之一，而且是法国大革命的理论先导之一。

卢梭晚年生活又陷入动荡之中，因发表《社会契约论》《爱弥儿》等著作，他遭到法国当局的迫害，被迫避居瑞士、普鲁士、英国等国，多次颠沛流离。

卢梭也认识伏尔泰，两人是在布鲁塞尔相遇的。卢梭比伏尔泰小18岁，作为晚辈他当然对长辈十分尊敬，大赞伏尔泰的戏剧写得好，但不大认同伏尔泰不敬神的态度。伏尔泰哪能接受"毛孩子"的批评，他反过来把卢梭写的诗歌糟蹋了一番。

中国汉朝的文坛领袖曹丕"文人相轻，自古而然"一句话说得好。伏尔泰与卢梭作为学术上的大家，许多观点又相左，互相挤兑是可以想象到的。但他们不知道的是两人会在同一年去世，1778年两人相继去世。11年后的1789年法国大革命爆发了。据说当时被关押在革命派监狱里的法皇路易十六读了伏尔泰和卢梭的著作后，不无辛酸地说："是这两个人推翻了波旁王朝！"

高举烧毁旧世界的火炬

在革命理论的建树上，卢梭达到了法国革命年代的最高峰。

在《论人类不平等的起源和基础》论文里，卢梭探讨了社会罪恶的根源，指出产生不平等的原因。按照他的猜想和推论，以往的人类社会经过了三个阶段。第一阶段，人孤立生活不来往，无所谓平等不平等，当然不会有冲突。后来到了第二阶段，为了抵御各种自然灾害，或者为满足越来越多的复杂需求时，人们开始结成群体。人们生活在一起，就出现了对食物、财物谁多谁少的分配问题。当有人说出"这是我的"这句话后，私有制就诞生了，平等也就消失了。第三阶段，有钱人为了保住他们的地位和钱财，主张设立国家，制定法律，将人类的不平等固定化，制度化了。如此说来，人生来应该是平等的，不平等是不对的，对不平等的社会就应该推翻。但是，有钱人会拼命保护不平等制度，要想解决这个问题，就必须采用暴力，人民应该用暴力推翻压迫人民的国家制度。这种以暴制暴的原则是卢梭政治思想中最大胆、最为革命的部分。作为对旧制度的替代，他设计出一套民主制度，主张统治权力应该属于全体人民；只有符合全体人民意愿的政府才是合法的政府。这种思想主张可以用"天赋人权"来概括。

在他的另一本著作《社会契约论》（1762）的基本思想是天赋人权、主权在民、自由平等，认为人民有起义反抗压迫者的权利。

可以将卢梭与其他启蒙运动思想家的理论做一番比较，从中更能看出两者之间的区别。大多数启蒙运动思想家所说的"革命"是更侧重于思想的演进，而不是暴力的行动。大家主张的是以科学理性代替宗教迷信，对社会制度用和平方法改良，而不是采取暴力造反的手段。例如，伏尔泰推崇的是英国式的君主立宪制，他希望法国也能够出现"开明君主"。而卢梭的主张是"人民主权"，发誓要将君权打倒在地，彻底摧毁。按照他的理论，暴力是必需的，不可避免的。

用契约连接新世界

卢梭的最重要的著作要算《社会契约论》，可以说这本书开辟了现代政治哲学的先河。卢梭的理论在启蒙运动思想家中是最激进的，法国当局对它严加防范，却被后来的革命者奉为圣经，罗伯斯庇尔等雅各宾派就是按照卢梭的理论，进行了法国大革命惊心动魄的政治实验，罗伯斯庇尔也自称是卢梭的传人。

可以将卢梭与伏尔泰作一个比较：伏尔泰出身于富裕家庭，代表的是大资产阶级的利益，要求获得政治上的平等权利，能够参与政权，分享权力，主张实行君主立宪，反对君主专制。而卢梭出身贫寒，代表的是法国中小资产阶级的利益。他们在政治上无权，经济活动上又处处与封建制度相冲突，因此强烈要求推翻封建制度，实行民主政治。伏尔泰和卢梭两人的出身不同，决定了他们政见上必有分歧，但他们的思想却承前启后地开辟了新时代。

相比之下，可能卢梭对世界和后世的影响更大。他说："我们决定把愚蠢的、有奴性的动物变成有知识、有人性的人。"这句话对启蒙运动的实质说得很传神。他不断鼓吹的暴力革命和自由思想对法国大革命的影响不言而喻，他"天赋人权"的思想也成为指引社会变革的大纛。

1791年12月21日，国民公会投票通过决议，给大革命的思想导师卢梭树立雕像，以金字题词——"自由的奠基人"。

启蒙运动改变了世界

启蒙思想的巨匠们

掀起启蒙运动不是一两个人，而是一个大规模的群体，说明启蒙运动是时代的曙光，是历史的潮流，是法国人、欧洲人整体的觉醒。

众人拾柴火焰高。涓涓细流汇成滚滚大潮，冲毁了宗教迷信的层层迷雾；犀利的刀刃，解剖了政治制度的不平等和深重罪恶；众人出手，推倒了封建制度的大盖厚墙。

笛卡尔——欧洲近代哲学之父

笛卡尔（1596—1650），出生于法国安德尔–卢瓦尔省图赖讷的一个贵族家庭，是哲学家、数学家。作为数学家，他对现代数学的发展做出了重要的贡献，被认为是解析几何之父。而普罗大众认识他主要是因为他的哲学观点，他最有名的一句话是"我思故我在"，理解这句话是理解笛卡尔哲学的关键。

笛卡尔首先认为"怀疑"是出发点，"绝不承认任何事物为真，对于我完全不怀疑的事物才视为真理"。其次，可以"普遍怀

029

疑"（也翻译为"怀疑一切"），但是不能怀疑"怀疑"本身是虚假的，由此可以肯定"怀疑"本身的真实性。笛卡尔用这句烧脑的话语建立起了自己哲学的前提。

"我思故我在"（I think，therefore I am.）这句话可以这样理解："我无法否认自己的存在，因为我能怀疑恰恰证明我是存在的！"更通俗的说法是："我怀疑时，我必须存在。"由此可见，这一论点是笛卡尔认识论哲学的起点，也是他"普遍怀疑"的终点。

笛卡尔被誉为西方现代哲学思想的奠基人之一，黑格尔称其为近代哲学之父。有这样一种说法：西方所有的哲学家都是笛卡尔主义者，正如他们都是希腊人一样。笛卡尔让人们相信：不管什么权威的结论都可以怀疑，任何迷信都可以破除，这就是理性主义的真谛。在他的"普遍怀疑"观点上，建起了欧洲"理性主义"哲学的大厦。笛卡尔对启蒙运动影响深远，他的学说对宗教神学给予了沉重的一击。

笛卡尔的著作一段时间里被梵蒂冈教皇列为禁书，不许巴黎出版销售。1789年法国大革命后，他的骨灰和遗物被收入法国历史博物馆。后来因为出了个笛卡尔，家乡图赖讷地名改为笛卡尔。1819年其骨灰被移入圣日耳曼德佩教堂中，墓碑上刻下了这样一句话："笛卡尔，欧洲文艺复兴以来，第一个为人类争取并保证理性权利的人。"

孟德斯鸠——设计了三权分立的政治制度

孟德斯鸠（1689—1755），出生于法国波尔多南郊拉布雷德庄园的一个贵族家庭。他自幼受到良好教育。16岁入波尔多大学攻读法律，获得法学硕士学位。27岁时，继承孟德斯鸠男爵称号，并任波尔多高等法院院长。32岁时，匿名发表《波斯人信札》，讽刺路易十四的专制制度，嘲笑上流社会的恶习和荒淫无耻，谴责宗教迫害。该书一出版便引起了轰动，不久人们知道了该书的作者是孟德斯鸠，他因此一举成名。37岁那年，他觉得社会世俗无聊，就以高价出卖了世袭的波尔多高等法院院长职务，潜心著述。

孟德斯鸠的名著《论法的精神》，于他59岁时问世。这本书奠定了近代西方政治与法律理论发展的基础，影响巨大持久。学界认为该书堪与亚里士多德的《政治学》媲美，成为政治理论史和法学史的鸿篇巨著。伏尔泰称赞其是"理性与自由的法典"。

在书中他揭示了国家的目的在于保护政治自由，而自由就是每个公民有权去做法律许可的事。他在约翰·洛克分权思想的基础上，明确提出了"三权分立"学说，主张将政权分为立法、行政、司法三个部分，并强调彼此的分立和约束：立法权必须操纵在人民的代表手中，行政权则归属君主，司法权由选举产生的常任法官所掌握。三权分立设计的精髓在于实现对权力的制衡，按照他的话说："一切权力不受约束，必将腐败；要防止滥用权力，就必须以权力制约权力。"

这个著名的三权分立理论，后来成为美、法等许多资产阶级宪法的理论基础，对中国的改良派也产生过影响，严复将《论法的精神》译成中文，取名《法意》。

狄德罗——百科全书派的统帅

德尼·狄德罗（1713—1784），出生于法国东部郎格勒外省朗格尔小城的一个剃刀师傅家庭。他求学于巴黎，19岁时获巴黎大学文学硕士学位，30岁时认识了卢梭，32岁时开始主持编纂《百科全书》。他决心通过编纂图书，传播知识，向反动的宗教和社会势力发动猛烈的进攻。从此，以《百科全书》的编写和出版为中心，形成了法国启蒙运动的高潮。

参加《百科全书》撰稿的有160余人，几乎包括各个知识领域的专家和所有杰出代表人物。虽然他们的哲学观点不大相同，宗教信仰不一，但反对封建特权制度和天主教会、主张启蒙理性方面的目标是一致的。伏尔泰、卢梭、孟德斯鸠等都是撰稿人，狄德罗更是亲自撰写了一千多篇文章和条文。有人称赞狄德罗是替现代人盗火的"真正的普罗米修斯"。

参加《百科全书》编写的人士在历史上被称为百科全书派。他们是唯物论者，以资产阶级的自由、平等为奋斗目标，以"理性"为旗帜，以无神论为武器，对封建的国家制度、伦理道德及作为其精神支柱的宗教神学，进行严厉的批判和彻底的否定。他们向往合理的社会，认为迷信、成见、愚昧无知是人类的大敌，主张一切制度和观念要在理性的审判庭上受到批判和衡量；推崇机械工艺，重视体力劳动，表现出资产阶级务实谋利的精神。

《百科全书》宣扬政治平等、思想自由等启蒙思想，提倡科学技术，宣扬人类文明的进步与发展，为已经开始萌动的资产阶级政治革命制造舆论。在狄德罗的领导和组织下，《百科全书》成了启蒙运动思想家向天主教会和封建反动势力进行斗争的锐利武器。《百科全书》1751—1772年出版了28卷，1776—1780年又增加补遗及索引7卷，时间长达29年。到1782年止，出版了8次，可还是不能满足人们的需求。《百科全书》的出版在欧洲产生了巨大的影响，为法国大革命作了舆论准备，为法兰西民族建造了一座精神文明的纪念碑。

启蒙运动的意义

"启蒙"一词的英语为Enlightenment，意为"启迪"。康德在《什么是启蒙运动》一文中说："启蒙运动就是人类脱离自己所加之于自己的不成熟状态……要有勇气运用你自己的理智，这就是启蒙运动的口号。"

启蒙运动是17—18世纪欧洲资产阶级和人民大众反封建的思想文化运动。

启蒙运动发生的时代背景：封建社会开始向资本主义社会转变，这是理性代替蒙昧、科学战胜迷信、光明驱逐黑暗的历史关口。

启蒙运动出现的社会背景：王权越来越专制，统治阶级越来越腐败，上层社会越来越奢侈，苛捐杂税越来越沉重，劳苦大众越来越贫困，陷于走投无路的泥沼，社会不满情绪日益弥漫，反抗革命的风暴即将到来。18世纪的法国情况尤其糟糕，专制的王权对社会的控制越来越严，宫廷贵族挥霍无度，国库空虚，农村在封建领主和教会的盘剥下日益贫困，满目疮痍。

启蒙运动的政治领导力量：新兴资产阶级登上了历史舞台。欧洲的这种历史变化最早是从14世纪的意大利开始的。该国许多城市的市民群体中出现了富裕的资产阶级，他们成为社会的中坚力量，向封建制度发起了进攻。后来欧洲各国先后都出现了这种变化，18世纪时的法国资产阶级与封建势力的矛盾表现得最为突出和激烈。资产阶级代表的是新兴进步力量，强烈要求冲破封建旧制度的严重束缚。

启蒙运动的思想武器：科学和理性。启蒙运动思想武器的矛头有两个方向：一是以科学破除神学迷信。欧洲中世纪以来的基督教，既与欧洲各国王权联手对社会实行专制统治，又用荒谬的宗教理论压制科学新发现，成为严重束缚社会的桎梏。然而科学进步是压制不住的，科学之光终究照亮了黑暗的欧洲大地。二是以理性战胜蒙昧。何谓"理性"？狄德罗在《百科全书》的"理性"一条中指出，理性是指"人类认识真理的能力，人类的精神不靠信仰光亮的帮助而能够自然达到一系列真理"。理性成了18世纪的话语点，表达了该世纪所取得的一切成就。无论是欧洲推崇的希腊文化，还是黑暗的中世纪，各个时期都产生出一些错误观点，积累了许多陈规陋习，这些也都属于启蒙运动批判的对象。

总而言之，启蒙运动是一种全新的社会思想潮流，它以理性的利刃破除各种不合时宜的学术权威形成的思想束缚，以狂飙的力量扫荡各种错误观点和陈规陋习。恩格斯说："一切都必须在理性的法庭面前，为自己的存在做辩护，或者放弃存在的权利。"历史学家认为，启蒙运动是文艺复兴以后的第二次思想解放运动。

启蒙运动的历史意义：推动历史前进，直接引发了法国大革命；并越洋过海，影响了英属北美殖民地的思想革命，最终引发了美国的独立革命，并启发美国建立了共和政体。笔者十多年以前写的《大国文化思考·美国会是永远的帝国吗》一书中讲述了北美革命的故事。

由于启蒙运动掀起的一场思想风暴，自由平等的思想传遍了全世界，在人类文明史上留下了许多珍贵遗产，其中最重要的一点，可能就是马克思所说："使他认识到自己是人。"

启蒙思想对中国的洗礼

中国是早熟的理性国家

讲述完法国的启蒙运动，我们自然会想到一个问题：中国有没有经过启蒙思想的洗礼呢？

启蒙运动是一场思想解放运动，主要解决了两个问题：一是将欧洲从中世纪以来的神学迷信中解放出来；二是打破所有权威的思想框框，目的是让人认识自己。有了新观念后，过去的许多落后陈腐观念难以立足。例如，追求自由民主，反对独裁专制；要求人人平等，痛恨王室贵族特权；揭穿"君权神授"的神话，传播"天赋人权"的思想等。

关于第一个解决神学迷信的问题，中国古代就基本上解决了。

一般说来，中国的早期社会经过了夏商周三个朝代。夏朝缺乏文字记录，情况不甚清楚。商朝由于发现了大量甲骨文，历史不再是传说而成为信史，面貌相对清晰。商朝是一个神权文化比较浓厚的朝代，商王自称"下帝"，与天上的"上帝"相对称。商朝逐渐衰落后，周武王伐纣，牧野一战定输赢，周王朝建立。

周朝有了全新的思想文化观念。与商朝"帝"的概念不同，周朝提出了"天"的概念。直到今天，中国的老百姓还喜欢说"老天爷呀！""人在做，天在看"等话语。"天"的概念就是来自周朝。周朝提出"天命靡常、唯德是依"的命题，认为"皇天无亲，惟德是辅"。天命是变化无常的，皇天并不会特意照顾谁，谁有德就帮助谁。周朝的这个观念与商朝的观念已经完全不同。商朝的王公认为，他们的祖先是上帝的子孙，统治权由上帝授予。周朝的王公不这样看，他们认为因为商朝纣王失德，丢失了天命，失去了统治天下的资格；而周朝因为有德，得民心，受民众的拥护，因此被上天选择来取代商汤。按照许倬云教授的说法："这是人道主义的黎明……这是中国天命与民意结合的开始，迥异欧洲中世纪时王权来自神意的观念。"（许倬云《西周史》，第124页）

周朝奠定了中国向无神论社会发展的基础，从此以后中国走上了一条与世界上绝大多数神权国家完全不同的道路。周朝的这一思想观念，经春秋战国时期诸子百家学者系统梳理固定下来，成为中国传统社会的思想主流。道家讲"道"，道是世界的本源，是事物发展的规律，道家的学说中没有神的位置。

儒家研究人与人之间的伦理关系，讲人世间的事情。孔子从来不讨论鬼神的事情。孔子的弟子季路问事鬼神，子曰："未能事人，焉能事鬼？""敢问死？"曰："未知生，焉知死？"（《论语·先进》）。孔子也没有把话完全说死。他说："祭如在，祭神如神在。"如果你要拜神，就当神在场好了。这不是号召信神，只是劝人为人做事时要有恭敬虔诚的态度。

东汉以来佛教开始传入中国。唐朝时佛教大盛，标志性事件之一就是玄奘西去印度取经。这是中国历史上一次重大的中外文化交流活动，一方面玄奘将许多佛教著作带回中国进行翻译和传播；另一方面也到印度讲学，传播中国文化。佛教进入中国后与中国本土文化相结合，形成了中国式的佛教，其代表就是禅宗。实际上，禅宗更接近于哲学。如此以来，儒释道三者结合的中国传统文化以一种新文化面貌出现，中国终究没有变成像印度那样的宗教国家。

以此可知，自周朝以来中国逐渐成为一个倾向无神论的社会，没有出现过像欧洲中世纪那样神权统治社会的状况。因此中国被一些中西方学者称为"早熟的理性文化社会"。所以，欧洲启蒙运动解决的"反对神权"的第一个问题，中国早在周朝时就已经逐步解决了。

近代启蒙思想的发展

关于第二个打破禁锢人的思想框框的问题。

从政治统治模式说，古代中国是一个大一统的国家，从秦朝开始建立的郡县制度经历两千年而没有衰败。从思想文化上说，汉朝以后中国皇权尊儒家为正统思想，也是经历两千年没有大的改变。那么中国的思想文化状况就始终没有变化吗？不是的。让我们看看中国学者是怎样论述这个问题的。

梁启超在《论中国学术思想变迁之大势》一文中，将中国数千年学术思想历史划分为8个时期：上古文化胚胎时期、先秦诸子全盛时期、汉朝儒学统一时期、魏普儒道互补玄学时期、南北朝唐朝佛学时期、宋元明理学时期、清代衰落时期、中国近代以后的复兴时期。

学者王杰（中央党校哲学部）从中国哲学发展的角度梳理，认为中国传统哲学经历了7个不同的发展阶段。一是先秦子学。百家争鸣，是中华民族精神的首次觉醒。二是两汉经学。罢黜百家，独尊儒术，儒家学说成为官方权威意识形态。三是魏晋玄学。尊崇老庄，是中国人思想上的第二次解放。四是隋唐佛学。佛教经过几百年的充分发展，又与儒道结合，奠定了中国儒释道传统思想文化的格局。五是宋明理学。中国封建社会后期的官方指导思想，将中国的哲学思维水平提高到了一个新的高度。六是明清实学。提倡经世致用的实用学问，反对封建专制，是具有启蒙思想性质的先声。七是乾嘉朴学。整理国故，重视考据，不谈理论，脱离实际，社会思维枯竭，空气沉闷。（王杰《中国传统哲学的发展脉络》《新华文摘》2020年第24期）

从以上两位学者对中国思想文化史的分期看，中国传统文化一直在变化中，每个发展阶段各有其鲜明的思想特征。而17—18世纪欧洲出现启蒙运动时，中国正处在清朝，属于禁锢思想、学术停滞、政治思想沉闷的时期。就像上次中国与英国工业革命失之交臂一样，这一次中国又没有形成与欧洲启蒙运动的互动交流，自然也就谈不上出近现代意义上的启蒙思想运动，这是中国现代化发展步履艰难的原因之一。

19世纪启蒙思想终于传到了中国，其实说"传到"中国，不如说因为西方列强打上门来，让中国有史以来第一次感觉到了西方坚船利炮的厉害，而不得不开始研究西方崛起强大的原因。这个过程就是中国启蒙思想的开头。

19世纪末20世纪初，中国出现了一批启蒙学者，他们翻译欧洲启蒙思想家的名著，介绍他们的思想，对中国思想界变化起了重要的推动作用。其中严复做得最多，他翻译出版了赫胥黎的《天演论》、孟德斯鸠的《法意》、亚当·斯密的《国富论》、斯宾塞的《群学肄言》、约翰·穆勒的《群己权界论》和《穆勒名学》等著作，让中国读者第一次读到了欧洲启蒙学者的原著。

1915年发生了新文化运动，引进"德先生和赛先生"，"德先生"是"民主"（Democracy），"赛先生"是"科学"（Science）。主张宣扬民主，反对封建专制；宣扬科学，反对封建迷信和愚昧。从这一口号就可以看出欧洲启蒙运动对中国的巨大影响。

新文化运动后期发生的"五四运动"（1919年5月4日），宣传马克思主义成为主流，"十月革命一声炮响给中国送来马列主义"，此后原来的资产阶级文化革命运动转变为成为马列主义的革命运动，直至新中国成立，中国实现了政治独立，中国人民从此站起来了。

新中国成立后，立即进行工业化，设法解决工业革命时期中国缺席造成的严重后果，摸索中国实现现代化的道路。

中国的第二次启蒙运动或思想解放运动发生于改革开放前夕。1978年5月11日，《光明日报》发表特约评论员文章《实践是检验真理的唯一标准》，由此引发了一场关于真理标准问题的大讨论。讨论冲破了"两个凡是"论的严重束缚，推动了全国性思想解放运动的大发展。同年12月18—22日党的十一届三中全会召开，决定以经济建设为中心，把全党工作的重点转移到社会主义现代化建设上来。经过40余年的努力，中国旧貌变新颜，在现代化的道路上取得了举世瞩目的建设成就。

在中华民族为实现"两个一百年"奋斗目标而发力的关键时刻，习近平总书记明确提出要坚持"四个自信"即"中国特色社会主义道路自信、理论自信、制度自信、文化自信"。这标志着新一轮思想解放运动的开始。由此可知，中国的启蒙思想运动是逗号而不是句号，是进行时而不是完成时，一直会随着时代的变化而进行。中国传统文化的精髓是"变"，世界上唯一不变的就是变。时变而思变，这是从《易经》中可以洞见的中国古老智慧。

第二章

法国的现代化之路

高卢雄鸡初鸣

法国的前身是高卢

在法国的日子里，我接触过一些本地的白人朋友，听他们自我介绍时，往往会说自己是高卢人，而且很能感觉他们说话时的自豪。读一读法国历史书可以知道，高卢是法国的前身。发生在这块土地上的故事可以追溯到公元前。

法国的国土面积为欧洲第三大，在西欧国家里面积最大。国土形状像一个六边形的盾牌。地形东南高，西北低，东部有阿尔卑斯山、侏罗山脉与瑞士、意大利相隔，南部有比利牛斯山与西班牙比邻。国土三面环海，南边有地中海，西边有大西洋，北边有英吉利海峡与英国隔海相望。中部地区地势平坦，物产丰富，真是一块土肥草美、水清风和的好地方，"有世界上最好的谷物种植地"。正因如此，这里是原始欧洲人最早出没的地区。一些学者认为，欧洲有一个"法兰西空间"，即地处大西洋、莱茵河、阿尔卑斯山、地中海和比利牛斯山之间的地域，是人类在欧洲最早出现、聚集、栖息、生活的地区之一。

在法国西南部多尔多涅省有一个名叫拉斯科洞穴，其墙壁上

⊙ 巴黎飞翔神人雕塑。法国深受古希腊神话影响，据说"巴黎"一词的来历就是跟古希腊荷马史诗里勾引海伦的帕里斯王子有关　摄影/段亚兵

用黑色、红色、褐色描绘的野牛、奔马、雄鹿等野生动物，画面巨大，线条粗犷，形象栩栩如生，神态逼真。洞穴由于绘画异常精美，获得了"史前卢浮宫"的美誉。据推测壁画作画于旧石器时代，距今已有1.5万年以上。洞穴的原始画作证明，就是在原始时代这里也是人类宜居的故乡。

关于法国的故事要从公元前600年前的高卢说起。所谓高卢，其地理范围比现在的法国大得多，包括如今法国、比利时和意大利、荷兰、瑞士、德国的部分土地。可能就是因为法国地理位置优越、生活条件好，所以自古以来这里就是众人争夺的地方。先是希腊人于公元前600年来到法国南部的地中海沿岸开拓疆土，建立起了马赛利亚城——就是今日马赛的前身。

不久，凯尔特人开始入侵法国。凯尔特人原来生活在东欧的多瑙河流域，是欧洲最早掌握冶炼铁和制造铁器工具技术的部落。凯尔特人挥舞铸铁重剑、腰别青铜匕首，在几个世纪里迅猛扩张，不断扩大地盘。他们在公元前5世纪末抵达法国南部，赶走了希腊人，成为新的主人。到了公元前500—公元前450年，凯尔特人已经分布到法国各地。所谓"高卢人"就是当时的罗马人称呼凯尔特人的名字，罗马人征服前的高卢被称为"独立的高卢"。

公元前的凯尔特人勇猛善战，侵略性很强。在长达几十个世纪的时间里，都是凯尔特人在抢占别人的地盘。公元前386年，他们甚至攻占了罗马，大肆掠夺。如果不是后来罗马人卧薪尝胆，奋斗崛起，后来写作欧洲历史时，统一欧洲的可能是"高卢帝国"也未可知。

恺撒征服高卢

俗话说，一山难容二虎，高卢与罗马征战，只能有一个人当老大。公元前2世纪时，形势逆转，强大起来的罗马人侵入高卢，征服了高卢南部。公元前58—公元前50年，恺撒率领罗马军队征服高卢的其余部分。战争期间恺撒写成《高卢战记》，不但记录细致，成为高卢早期珍贵的历史资料，而且文字优美，成为著名的文学篇章。

在恺撒的笔下，他是这样描写高卢人的："这是一个极其灵巧的种族，他们有非凡的本领来模仿他们看见别人所做的一切……他们挖掘坑道，使我们的土方工程倒塌。由于他们有大铁矿，熟悉并使用各种地道，他们的这种技艺更为出色。"

恺撒征服后直到公元5世纪，高卢全境才统归罗马统治。有些历史学家把高卢的历史分为两段：将恺撒征服之前的高卢称为"独立的高卢"；这之后的高卢则称为"罗马化的高卢"。

公元前44年，时年56岁、正值年富力强的恺撒，在罗马被共和派暗杀身亡。他开辟的统治高卢的事业，由他的继承人屋大维继承。屋大维是恺撒的甥孙、罗马帝国的第一任皇帝，后被元老院赐封为"奥古斯都"（意为神圣、庄严等）。

奥古斯都是一位足智多谋的皇帝。他感觉虽然恺撒在肉体上征服了高卢人，但是精神上的征服才能保持高卢的长治久安，为此他采取了一系列改革措施。

一是分省管理。将高卢分为四个行省，其中一个归元老院治理，其余三个皆为元首行省。分省是为了分而治之，精细管理。

二是政治上同化。屋大维赋予高卢贵族罗马公民权，到克劳狄一世时吸纳精英进入罗马元老院。这让高卢贵族上层感觉自己成为罗马人了，加速了政治同化的速度。

三是发展城市。罗马军团拥有当时最先进的建筑施工技术，有能力帮助高卢人大兴土木，建设城市。罗马式长方形的大广场、笔直整齐的街道、雄伟的神庙、耸立的凯旋门、宏大的竞技场、半圆形的露天大剧场等时髦建筑流行起来，宽阔高速的大道贯穿高卢全境。有了完善的城市设施，高卢的贵族、市民就享受到了罗马式的奢华城市生活，一旦习惯和喜欢上这种新的生活方式，他们就心悦诚服地接受了罗马的统治。

四是享受"罗马和平"的红利。罗马崛起让欧洲大陆第一次实现统一（虽然不是欧洲全部）。欧洲统一后享受到了几百年的"罗马治下的和平"（Pax Romana），这是罗马帝国带给欧洲最大的礼物。而高卢被罗马统治后，自然也享受到了这一红利。加上高卢的自然经济条件比较好，经济呈现繁荣景象，不但能够源源不断地向罗马帝国进贡财富，当地居民的生活也明显得到提高，这肯定有利于罗马的长治久安。

五是全面推行罗马的拉丁文字。当时的高卢还没有自己的文字（只有马赛等少数地区开始接受希腊文字），这种情况下拉丁文字被高卢人接受。在罗马化的高卢，拉丁文是官方使用的文字，拉丁语是全国的正式语言。后来高卢地区的拉丁语经过长期演变，成为中世纪的罗曼语，后来又逐渐发展为现代法语。

罗马战胜并同化高卢的历史说明一个道理：战争虽是杀伐、毁灭和死亡的过程，但一定条件下也会成为文明接触、交流的特殊方式。两军对垒，生死较量时，文明先进的群体不一定能够战胜落后的群体，很多时候情况恰恰相反，"野蛮部落"将"文明族群"打得丢盔卸甲，满地找牙是常有的事；但是文明的影响、流动却一定会发生，就像水从高处流向低处。先进文明一定会影响、同化落后文明，最终推动人类文明的整体提高。

⊙ 笔者在西岱岛上的巴黎圣母院前留影

后来的历史学家认为，古希腊古罗马文明、基督教文明，以及日耳曼文明，先后在"法兰西空间"这块大地上入侵，碰撞，杂交，融会贯通，最终形成了光辉灿烂的法兰西文明。

高卢消失而荣誉留存

曹雪芹说得好，千里搭长棚，没有不散的宴席。罗马帝国的伟业也逃脱不了这样的逻辑。虽然罗马的统治让高卢文明得到提升，经济繁荣，生活和平安定。但是，随着罗马帝国本身越来越奢侈腐化堕落，成了消耗财富的无底洞，高卢人民的税赋也越来越重，商业手工业不断衰落，城市日益凋敝，市民生活艰难。全国各地不断发生暴动起义，高卢变成了随时可能喷发的火山口。

同时，由于罗马帝国内部的腐败导致国力下降，环伺周围、觊觎罗马财富的蛮族开始蠢蠢欲动，高卢首当其冲成为他们的目标。从3世纪到5世纪，高卢先是多次遭到日耳曼部落的掠夺袭击，后来来自莱茵河的汪达尔人、苏维汇人和阿兰人也在高卢大肆劫掠，给高卢人带来深重灾难。

4世纪下半叶，日耳曼部落的西哥特人越过多瑙河，占领了高卢西南部的阿基坦地区，建立了西哥特王国。5世纪初，勃艮第人从莱茵河中游侵入高卢，建立了勃艮第王国，以里昂为首都。

对高卢打击最大的要算法兰克人（日耳曼人的一支）。3—6世纪里，法兰克人入侵高卢的步伐一直没有停。486年，法兰克的首领克洛维占领了法兰西岛（地理范围是指围绕着巴黎的一片地方），并将大本营建在了巴黎。6世纪中叶法兰克人统治了整个高卢，建立了法兰克王国，自此高卢的名字湮没在历史长河中。

高卢虽然消失了，但是对远古高卢的记忆，对最初部落的眷恋，对数百年里沉淀下来的文化荣誉感，仍然存在。我们在法国遇见的一些白种人，从他们说自己是高卢人的自我介绍中，可以听出来对这一段历史的些许骄傲，这是一种深藏在潜意识中的历史回声。

法国闪亮登场

法兰克王国土壤里长出了法国花朵

法兰克人以高卢为基地建立的法兰克
王国（Frankish Kingdom，481—843年）时
间长达4个世纪。王国前后分为墨洛温王
朝和加洛林王朝。加洛林王朝全盛时期称
"查理曼帝国"。法兰克王国是继罗马帝
国之后欧洲的第二次统一，但是统一的地
盘小于罗马帝国。笔者在《德国文明与工
业4.0》一书中讲了这件事，不再详述。

在这里只重点讲一下法兰克民族实
行的继承权法。该法规定，将财产（包括
王位）平分给几个男性继承人。查理曼大
帝有5个儿子，长寿的老人家活到72岁谢
世，4个儿子都活不过他先离世了，王位
自然传到了"虔诚者路易"手里。而路易
王又有4个儿子，分别是洛特尔、丕平、

⊙ 查理曼大帝创建了法兰克王国，现今
的法国是法兰克王国的一部分

日耳曼人路易和秃头查理。问题开始出现：在父亲活着时，儿子们就开始了对王位的争夺。

老皇帝虔诚者路易于840年去世。几个儿子为继承权整整打斗了几年。842年，为反对已经继承了王位的大哥洛特尔，秃头查理和日耳曼人路易在斯特拉斯堡立誓结盟。《斯特拉斯堡誓言》是用两种语言写成的。路易发誓时说的是罗曼斯语，即最初的法语；而秃头查理发誓时说的是条顿语，即最初的德语。这说明两个国家的本族语言在这个时期已经形成。

在两个弟弟的联手进攻下，大哥洛特尔节节败退，最后被逼得与弟弟们妥协。843年8月，三人在凡尔登订立了《凡尔登条约》。根据这一条约，兄弟3人三分天下（此时丕平已死，少了一个继承者），即把爷爷查理曼的帝国分成为3个国家。具体是这样划分的：作为长子的洛特尔拥有皇帝称号和以古都亚琛为中心的中部王国，地盘粗略包括今天的荷兰、比利时、瑞士、阿尔萨斯–洛林和意大利。老三路易得到了东部法兰克王国，约相当于今天的德国。老四秃头查理则统治了帝国西部的广大地区，大致相当于今天的法国。于是，近代西欧的意、德、法三个国家形成，让统一的欧洲再次分裂，就好像是冬天里冰冻的湖面，到了春天裂成几大片冰块。一些学者评价这个条约是"现代欧洲的'出生证'"。

从文明发展的角度说，法兰克王国处于低谷。如果说欧洲的文明长河中，古希腊古罗马属于高峰，后来的意大利文艺复兴是又一座高峰，整个中世纪算是低谷。而法兰克国家的文明是中世纪低谷中的最深处。

卡佩王朝推进法国的统一

《凡尔登条约》标志着法兰西独立建国，由此法国史开始了。

查理曼帝国一分为三之后，防御力量大大削弱，给外族势力的

卡佩家族决定永远定居巴黎，巴黎的历史从西岱岛上开始了，西岱岛上最有名的建筑大概要算巴黎圣母院　摄影/段亚兵

入侵造成了可乘之机。阿拉伯人、匈牙利人不断进犯意德法几国，但最让法兰西惊恐不安的敌人是来自北方的维京人，也就是"北欧海盗"。9—10两个世纪里，海盗多次入侵掠夺，杀人放火，抢劫财物，让法国人苦不堪言。

中国有句话说："虎父无犬子"，但是初创时期的法国却不是这样，查理曼大帝的子孙们不要说算不上猛犬，可能跟病猫差不多。面对兵临城下的诺曼人，法王失去了抵抗的勇气，捧出7000磅白银高价买海盗退兵。这一时期法国连续出现平庸而短命的国王。王权式微，统治懦弱，诸侯间内讧，国内乱象纷起。

987年，加洛林王朝气数已尽，掌握实权的于格·卡佩被贵族们拥立为王，法国进入了卡佩王朝统治时期。历史学家共同的看法是：卡佩王朝是接近现代疆域概念的"法国"历史的开始。

建国伊始，整个法兰西因被诸侯割据而四分五裂，法兰西国内存在着不少公国和伯国。例如公国有诺曼底公国、勃艮第公国、加斯孔尼公国、阿基坦公国、布列塔尼公国等；伯国有佛兰德尔伯国、图卢兹伯国、皮卡尔迪伯国、安茹伯国、布卢瓦–香槟伯国等。公国、伯国虽然在形式上承认卡佩王朝的国王为其宗主，但实际上他们在自己的领地内保持着完全独立的统治权力，不但实际权力不逊于国王，而且许多诸侯远比国王有钱。

当时国王的实际统治区域仅限于时称"法兰西岛"的王室领地，这是一块地处塞纳河与卢瓦尔河中游南北狭长地带里的一块土地，其中包括巴黎和奥尔良等城市。这块土地只有3万平方公里，而当时的法兰西领土共有45万平方公里，属于王室的土地只占全国土地的15%左右，感觉有点儿可怜。

卡佩王朝的前几位国王都比较平庸，既降服不了各路诸侯和王室领地内桀骜不驯的封建主，也没有在"国际事务"中发挥什么作用。更糟糕的是，王室有一个对手越来越强大，这就是安茹伯国。伯爵亨利总是喜欢在头盔上斜插一枝金雀花，因而被称为"金雀花亨利"。这位伯爵英俊潇洒，风流倜傥，通过婚姻增加了不少领地，他统辖的领地竟然比王室的领地整个儿大5倍。1154年，他又继承了英国王位，成为横跨两国的奇特国王兼伯爵。从此金雀花王朝成为法王统一法兰西的最大障碍。

不管怎样评价卡佩王朝对法国的贡献，其对巴黎的贡献无疑是决定性的。卡佩家族决定永远定居巴黎。路易六世将巴黎附近的圣德尼修道院视为法兰西王国的"头部"，路易七世则把西岱岛上先王虔诚者路易住过的旧宫作为自己的王宫。国王是头儿，国王住在哪里，王公大臣和贵族就跟着住哪里，纷纷围绕着王宫兴建宅邸，奠定了巴黎作为法国国都的基础，也为巴黎后来成为世界著名城市创造了条件。

路易六世、路易七世虽然干得都不错，但后来卡佩王朝出现了更优秀的腓力二世、路易九世、腓力四世三位国王，在政治上都大有建树。腓力二世（1180年登基）找借口剥夺了英王约翰在法国国内的领土，约翰由此得了一个"失地王约翰"的称号。此故事在《英国文明与工业革命》一书中讲过，不再赘述。约翰王心有不甘，开始率军反攻。1214年7月，双方在布汶展开大决战，法方胜。此役堪称决定法国国家命运、民族存亡的生死之战。由于布汶大捷，法国王权大大巩固，腓力二世也因此被誉为"奥古斯都"（意为神圣、至尊）。后来享誉世界的卢浮宫最初就是腓力建设的。

路易九世（1252年亲政）大刀阔斧地进行了司法改革和币制改革。两项改革难度较大，但路易九世坚持了下来，让法国在统一的道路上向前迈进了一大步。

腓力四世（1285年登基）有"美男子腓力"的美名。他身材高大、风度翩翩，很吸引女人，利用这个优势，通过婚姻兼并了法国东部的香槟和比利牛斯山区。他完善国家机器，从全国选聘人才充实到中央和地方的行政机构，建立税收制度，于1302年首次召开三级会议。三位明君推动法国发展到了一个新阶段。

百年战争的较量

1328年，查理四世死后，因卡佩家族嫡系无男嗣，由卡佩家族的旁支瓦卢瓦家族的腓力六世继承王位，建立了瓦卢瓦王朝。

1337年，英法"百年战争"爆发。战争1337年开打，1453年收兵，共打了119年。战争的起因是争夺法王继承权。英王爱德华三世是金雀花王朝的第七位英格兰国王，他母亲是法国的伊莎贝拉。作为外孙，爱德华三世拥有一定的继承权。但这不符合法国的利益，再现法王王冠送给英国国王？犯傻！贵族大臣们一致反对。大家推举查理的侄子、瓦卢瓦王朝的首领为新法王，称作腓力六世。

当时的法国，一头是爱德华三世认为自己才有资格继承法国王位，另一头是登上王位的腓力六世为了加强中央集权，打算把王权控制的地盘扩展到阿奎丹地区——这是爱德华三世在法国的领地。法王要动英王的奶酪，这种情况下不打起来才怪。

这场战争既可以说是英法两国之间的战争，也可以看成是法国人王朝之间的战争。因为打仗双方英国的诺曼底王朝和金雀花王朝的开国君主都是法国的封建主，他们在法国拥有大量的领地。两人各不相让，兵戎相见，拳头硬的说了算，这符合"一言不合、决斗解决"的骑士精神。

战争前期英军步步紧逼，法军屡战屡败。

首战为海军交火，于1340年6月在斯勒伊斯海域开战。参战的英海军2.2万人，战舰250艘，法海军2万人，战舰200艘。经过8小时激战，法海军竟然惨败，损失战舰180艘，官兵伤亡近2万人，几乎全军覆没。英军首战告捷，夺取了制海权，为日后渡海、大举进犯法国创造了条件。

1346年8月，战火又起。爱德华三世率军由诺曼底登陆，腓力六世亲自迎战。英军发明了新战术。在克雷西战役中，弓箭手使用硬弓长箭射出密集的箭雨，将法军的骑士们纷纷射下马。由于英国长弓手杀伤力太强，让法国人恨之入骨，扬言"一旦捉住长弓手就要剁去扣弦的手指"。然而不断取胜的是长弓手，他们骄傲地举起扣弦的两根手指，比划出一个"V"字。直到如今这一代表胜利的"V"字形手势仍然流行。英国的军队主要由自由农民组成，却打败了素称"法兰西之骄傲和花朵"的法国骑士团，标志着骑士制度的全盛期就此结束。这一战英军又胜。

1355年，双方再次开战。英王长子号称"黑太子"，因战盔上配戴着黑色羽毛而得名。他率领7000名英军，对垒法王约翰二世率领的1.5万名法军，在普瓦提埃进行决战。以少对多，却没想到英军再胜，将法军打得落花流水。约翰二世和他的幼子菲利普及17位伯爵竟然成为英军的俘虏。1360年，法国王子查理被迫签订屈辱的《布勒丁尼和约》，以割让大片领地换来了释放约翰二世。

战争大约进行30年后，命运之神开始关照法国。1369年，法国通过军事和外交手段，几乎收复全部失地，双方缔结20年停战协定。

1415年8月，英王亨利五世率兵进攻法国，大败法军，占领了法国北部。法国复国的希望寄托于南方。1428年10月，英军围攻通往法国南方的要塞奥尔良城，形势十分危急，保卫奥尔良之战成为法国生死存亡的关键，法国人民组成抗英游击队袭击敌人。真正扭转法国厄运的，是一位出生于法国东部香槟伯爵领杜列米村的少女贞德。1429年4月，在主动请缨，得到王太子查理授予她"战争总指挥"的空头虚衔后，贞德骑马披甲率领区区三四千兵士奔赴战场，竟然击退英军，解除了奥尔良城之危。人们怀着崇敬的心情称她为"奥尔良的女儿"。后来贞德在战斗中被法国勃艮第人俘虏，后者竟然以1万金币将贞德卖给英军。在法国当局的审判下，贞德被冠以"女巫"之名，活活烧死，骨灰被投入塞纳河中，死时不满20岁。拯救了法国、但被自己的一些同胞出卖，贞德临死时内心深处一定很苦、很苦！20世纪初，罗马教会追认贞德为"圣徒"。贞德是法兰西的民族荣誉，塑造了法兰西的灵魂。然而，她是不会知道这些的。

贞德的精神鼓舞法国人民的抗英运动继续高涨，英军节节败退。1453

◉ 在英法百年战争中，少女贞德扭转了法国的败势，但她竟被同胞出卖，被自己祖国的宗教裁判所判处死刑

年7月，法军经卡斯蒂永战役大败英军。至此，除加来港外，所有失地均已收复。百年战争最后以法国的胜利而结束。

百年战争一直在法国境内进行，致使法国城市被毁，村落荒芜，生灵涂炭，人口减少；英国也没有什么大的收获，反而严重地消耗了国力。百年打仗无收益，竹篮打水一场空。

如果勉强要说战争有什么积极后果的话，主要可能表现在两国民族意识的滋生发展方面。长期的战争哺育了法国民众强烈的民族意识，有一位名叫盖斯克兰的军官说的话有代表性："啊！可爱的法兰西，我要用简洁明快的语言为你歌唱。"这是后来法国在战争中能够反败为胜、步步走向胜利的关键因素。法国收复了英王室在法国的所有领地（除了加来），排除了法国国土统一的最大障碍。随着统一进程，法国人增强了民族感情，振奋了民族精神，共同的法兰西民族文化开始出现，法语逐渐形成和流行。法国开始真正成为政治统一的民族国家。

对英国王室来说，终于从脚踩两只船的尴尬局面中走出来了。虽然英国的诺曼底王朝（1066—1154年）和安茹王朝（1154—1399年）都是来自法国的封建主，王室家族有法国王族的血统，甚至有的血统更正宗，但是毕竟离开了家乡在外面闯荡，你不可能吃着碗里的，看着锅里的。经过百年战争，祖先在法国的起源领地、发家的领地基本上都被法王收回了，现实局面逼着他们再也不能三心二意了，而是一门心思在不列颠的荒原上扎根成长开花结果。英国王室开始培育出不列颠岛国的民族意识。后来英国经济发展迅速，提前爆发工业革命，甚至跑在了法国的前面，应该说与英国釜底抽薪的反思、民族意识的发展有关系。

宗教和解是关键

在法国近代发展史上，封建割据是走向统一的障碍，后来通过百年战争打破了封建藩篱，让法国走上了统一的道路上；然而另有一个更加严重的障碍是宗教分裂，为此发生了残酷的宗教战争（也称之为胡格诺战争）。无论是战争的残酷性，还是波及到的区域之广，都超过了英法百年战争。这个问题不解决，法国不可能实现最终的统一。解决这个问题的君主是亨利四世。

事情要从发生在欧洲的宗教改革说起。这件事情上第一个站出来的是德国的路德，关于他的事迹，笔者在《德国文明与工业4.0》一书中讲述过，不再赘述，这里接着讲述法国发生的事情。

欧洲宗教改革中，有一名与路德齐名的宗教改革家名叫加尔文。约翰·加尔文（1509—1564）是法国努瓦永人。他年轻时成为巴黎的新教徒，由于法国排斥新教，逃往瑞士巴塞尔。27岁时加尔文发表神学著作《基督教原理》，否定罗马教廷的权威，认为人的得救与否由上帝决定。他成为基督教新教加尔文宗创始人，与路德宗齐名。

16世纪40年代，加尔文教开始在法国传播，称为胡格诺教。该教派深得法国中下层资产阶级的拥护，南部也有少数大贵族参加此教派以与中央的专制王权相对抗。胡格诺教派力量发展很快，到1562年全国约有2000多个团体，信徒约占全国人口的1/4。

法国天主教会是全国主要的统一力量，对专制的王权比较有利，两者步伐高度合拍，共同视新教为异端，历代国王都对新教实行镇压政策，尤其从16世纪30年代起迫害愈加残酷。1547年，亨利二世在巴黎高等法院专门设立一个法庭，用以迫害新教徒，人称"火焰法庭"。两个教派的矛盾越来越尖锐，终于发展成为宗教战争，双方的血腥厮杀进行了30年，亡魂无数，血流成河。

最严重的一次屠杀发生于1572年8月24日。起因为新教领袖安东尼之子——亨利王子与公主玛格丽特结婚，大批新教徒奔赴巴黎祝贺。新郎亨利王子就是后来的亨利四世，他改变了法国的历史进程，因此应该多介绍几句。亨利·德·纳瓦拉（1553—1610年）出生于纳瓦拉（今西班牙北部一个自治区），属于法国波旁家族。19岁时他迎娶瓦卢瓦-昂古莱姆王室的小女儿玛格丽特（就是著名的美女"玛戈王后"）为妻。

24日是法国的狂欢节——圣巴托罗缪节。入夜，在查理九世（也就是亨利王子的大舅哥）的纵容下，天主教徒关闭巴黎全城，以教堂钟声为号，开始了对新教徒的大屠杀。一夜之间有几千名新教徒被杀害，史称"圣巴托罗缪惨案"。随后全国不少城市也大开杀戒，杀害了约2万新教徒。

新郎官倒是安全。由于妻子玛格丽特公主的保护，亨利王子在被迫宣布放弃新教信仰、改信天主教后得以幸免。大舅哥法王查理九世命令他放弃新教信仰，将他禁锢在宫中，亨利耐心地等待时机，3年后找到机会逃走，获自由后，他重新归宗新教，成为法国新教徒的保护人。1574年，查理九世去世，其弟亨利三世继承王位，亨利王子成为亨利三世的王储。1589年，亨利三世去世，亨利王子接位为亨利四世，他开创了法国波旁王朝。但天主教徒不承认这位新教徒国王，全国反对亨利四世的民众多达2/3。内战还在继续，法国到了崩溃的边缘。

亨利四世胸怀统一祖国的大志。虽处于弱势，但他仍然决定进军巴黎。亨利四世颇有军事才能，在他的正确指挥下大军一路前行，不断取得胜利。在围攻巴黎城的日子里，亨利四世做出了一个重大决定：改信天主教。亨利做出这个决定完全是为了国家利益。他清楚地认识到，法国的宗教争执已经100多年，宗教战争也进行了30年，但看不到国家有任何出路。新旧两教派拼死搏斗，绝不会真正屈服于对方。这样打斗下去，不管是哪一方取得胜利，都不能实现真正的和平。法国90%以上的人口是天主教徒，只有让绝大多数民众心服，自己的王座才能坐得稳，法兰西才有前途。他宣布放弃武力攻占巴黎的计划。

亨利四世的决定引起部下大哗。追随者骂他"背叛"，许多新教领袖离开了他，天主教徒中也有人骂他是"伪君子"。对此亨利四世不为所动，说了一句流传世间的名言："为了巴黎而做弥撒是值得的。"

然而亨利四世的决定得到的赞誉声更多。宗教战争长年不停，国家成为一片焦土，无数鲜活的生命逝去，民众生活凋敝，人民真的感觉很累了，大家厌倦了战争，渴望着和平。1593年7月25日，亨利四世在圣德尼大教堂宣布信奉天主教。6天后，新旧教两派达成为期3个月的休战协定。第二年春天亨利四世进入巴黎，沿途无数民众向他欢呼，最后他被抬着穿过人群。

1598年4月，亨利四世颁布宗教宽容的《南特敕令》，宣布天主教为国教；同时承认新教徒在法国全境信仰自由，在担任公职方面新教徒享有与天主教徒同等的权利。30多年的胡格诺战争至此正式结束。

亨利四世费了9年时间才平定了法国。他竭力医治国家的战争创伤。当时的法国新旧教徒两派严重对立，国家分崩离析，伤痕累累，重建和平谈何容易。针对亨利四世的预谋暗杀活动发生了好几次，而他一再表示饶恕这些狂徒。

亨利四世算得上是一个胸怀远大抱负、具有远见卓识、智慧大度的开明君主。他任用贤臣，稳定经济，改革财政，大力发展农牧业，让国内出现欣欣向荣的景象。他有一句经典的名言传世："耕地和牧场是哺育法兰西的双乳，是真正的秘鲁金矿和宝藏。"战争时期的法国民众吃不起鸡肉，他发誓"要让农民们每个周末，每家锅里都有一只鸡"，这句名言也流传下来。

1610年5月14日，亨利四世被一个天主教狂热分子用匕首刺杀。人民哀悼这位国王，称赞他是"贤明王亨利"。

如果没有亨利四世，法国可能会出现两个结果：一个是按新旧教派分裂成为两个国家，另一个是势众的天主教徒对少数的新教徒斩尽杀绝。但幸运的是，亨利四世让法国得以在废墟上重生。

　　宽容是一种珍贵精神和良好品质，亨利四世算得上是宽容的典范。宽容引起尊重，尊重实现和解，和解带来和平，和平保证发展，发展才能幸福。无论是宗教争执、权利争夺，还是利益争抢，在宽容精神面前都黯然失色。

　　亨利四世是一位十分理性的君主。当年他打算改宗天主教，而向新教徒解释自己的信仰时这样说："那些坚信不疑不违背良心的人，就是我的教友；所有勇者和善者所信仰的宗教，也就是我的宗教。"很多法国人很久都没有达到亨利四世的理性高度。后来法国大革命期间，所有他之后的法国国王都遭到非议，只有他仍高居人民心中。有人评价说："亨利四世是唯一一位仍真正活在法国人民心中的法国国王。"

太阳王路易十四

路易十四其人

路易十四（1638—1715）出生于法国巴黎西部城市圣日耳曼昂莱，这里属于法兰西岛大区的伊夫林省。他的全名是路易·迪厄多内·波旁，自号太阳王。

路易十四是法国最独特的君主。说他独特，一是在位时间最长，长达72年110天，而他的阳寿只有77年，也就是说他5岁开始当国王，直到辞世。他是有确切记录在世界历史中在位时间最久的主权国家君主。中国皇帝中，在位时间比较长的有康熙（61年）和乾隆（60年），都没有他时间长。

二是功劳最大。他将法国文明提高到空前高度，法国的文化在这一时代里影响了全世界，这一点无人能与他相比。路易十四一生的功过是非比较难评价，他既带领法国走向辉煌；但也挥霍奢侈、穷兵黩武，带来了严重后果。法国后来发生暴风狂飙的大革命，其根源早在路易十四时期已经埋下。

三是创造出一种"法国式"的生活方式。路易十四创造的新生活，其场景之铺张、享受之奢华、仪式之繁琐、品位之高雅、情调

⊙ 卢浮宫门前的路易十四雕像　摄影/段亚兵

之浪漫，都超出了人们的想象力，至今为后人津津乐道。就生活方式而言，他确实像太阳一样照亮了法国。说他是太阳王倒也不算太夸张。

　　路易十四是波旁王朝的法国国王和纳瓦拉国王。上篇文章我们讲到，波旁王朝是从亨利四世开始的。1610年亨利四世遇刺后，传位给了路易十三（该国王1601—1643年在世，1610—1643年在位，共33年）。当时新君才9岁，国家大权落到了其母后、美第奇家族的玛丽手中。路易十三时期欧洲爆发了争霸战争——三十年战争，较量是在欧洲当时最强大的两个国家——法国波旁王朝与奥地利哈布斯堡王朝之间进行的。最终法国取得胜利，成为欧洲新霸主。但是路易十三没有享受到战争最后胜利的喜悦，他于1643年5月14日因骑马落水引起肺炎而去世。其子5岁的路易十四继位。

　　当了国王的路易十四童年照样吃苦。由于战乱，母亲奥地利的安娜带着他两度逃出法国。议会通过法律没收了王室财产，生活窘迫的王后不得不靠典当珠宝度日，母子俩经常睡在稻草铺就的床上过夜。不久机会来了。贵族内讧争权，人民渴望安定，决定让王室归国。

国王登基之初，由母亲安娜摄政，直到1661年法国宰相红衣主教马扎然去世，他才亲政。据说首相马扎然死后，各部门主管请示路易十四，以后向谁请示工作？路易十四回答说："向我。此后，我就是我的首相。"于是从那天起到去世，他一直亲自统治整个国家。

路易十四把法国建立为君主专制的中央集权王国。童年逃难的经历令国王刻骨铭心，让他深深认识到中央集权的重要性，他要当一个手握实权、说话算数的君主，开始扩大官僚队伍，强化官僚机构，让国家统治机构日益完善。新的有钱的资产阶级通过购买官职成为"穿袍贵族"，进入权力中枢，掌握要害权力；与此相对的是旧的"佩剑贵族"的日益没落。

路易十四的信条是："朕即国家。"虽然人们没有听到过他亲口说这句话，但是国王的行动处处说明他就是这样做的。

凡尔赛宫是得意之作

在风和日丽的日子里，我们来到凡尔赛宫参观。凡尔赛宫是路易十四决定建造的宫殿，是欧洲最豪华的建筑物，也是当时欧洲的权力中心。到法国观光不管怎么安排行程，这一站不能不来。给我们当导游的是一个中国女孩，身材小巧玲珑，面貌清秀，看样子是中国江南一带的女孩。当导游虽然辛苦，但收入高，吸引了不少中国留学生干这一行，我们的导游学历比较高，知识积累多，加上口齿伶俐，讲得很好。

凡尔赛宫位于巴黎西南方向22公里的地方。路易十四出生在这方土地上，这或许是他选择在这里建宫殿的原因之一吧。凡尔赛宫环境优雅美丽，建筑宏伟瑰丽，建造技术先进，装修铺张浮华，

⊙ 笔者在凡尔赛宫前留影

1979年被列入《世界文化遗产名录》。

　　凡尔赛宫是世界五大宫殿之一，其他4座宫殿是中国故宫、英国白金汉宫、美国白宫和俄罗斯克里姆林宫。这五大宫殿笔者都到过，可以个人的眼光做一番比较：凡尔赛宫秀美的园林环绕四周，宫廷建筑匠心独具，奢华令人乍舌；伦敦的白金汉宫建筑典雅高贵，广场的雕塑表现出女皇心高志远，苏格兰礼仪队演奏的风笛声悠扬，皇家骑警卫兵成为一道美丽的风景线；华盛顿的白宫，蓝天下绿地中一座白楼典雅而威严，房屋虽小却让人明显感觉得到笼罩四野的超级帝国霸气；莫斯科的克里姆林宫外广场上教堂洋葱头似的屋尖高高扬起，红墙里边宫殿隐蔽在神秘莫测的气氛中，我既感受过大院里路遇持枪列队巡逻卫兵经过时的紧张，也享受到了在园内大剧院里欣赏俄式芭蕾舞的轻松；最雄伟气派的当属北京的故

宫，巍峨的高墙，深深的庭院，大殿广庭聚集起了统治天下的无限
权力，帝王的权威摄人心魄，渺如草芥的百姓不敢仰视。

建凡尔赛宫是路易十四对自己的大臣生活豪华排场而暴怒的产
物。1661年，路易十四接到财政大臣尼古拉斯·富凯的邀请，到他
新建的府第沃勒维孔特城堡（又名沃子爵堡）赴宴。当年23岁的路
易十四玩心正重，兴致勃勃地前去赴宴，没想到富凯的新宅富丽堂
皇、奢华无比，仅喷泉就多达250个，相比之下自己的皇宫反而显得
寒酸，回宫后他越想越气，立即叫人查账，不长时间就以贪污的罪
名将富凯判无期徒刑，使其最终老死监狱。有人说著名电影《铁面
人》里那个戴着铁皮面具的囚徒，就以富凯为原型。这让笔者想起
了中国清朝时的和珅，他精明强干，敛财有术，富可敌国，但是最
终被嘉庆皇上拿下在监狱里自尽，一生搜刮的巨额财富为皇上做了
嫁衣裳。

路易十四决定自己也兴建一座新的豪华宫殿，并招来建筑富凯
府邸的原班人马操作此事。建设过程中，路易十四更是亲自监工，
严把质量关，倾注了自己的心血，最终建成了"有史以来最大最豪
华的宫殿"。这是当时世上少有的精品建筑群，成为欧洲各国王室
建造宫殿时模仿的样板。该工程1661年动土，1710年竣工，到所有
细节装饰完成实际用去了50年时间。宫殿占地111万平方米，其中建
筑面积11万平方米、园林面积100万平方米。放眼望去，宫殿建筑
580米长，左右对称，雄伟庄重，据称是理性美的典范。宫殿内有大
殿小厅700多间，到里面行走观光，大厅连着小厅，房间接着房间，
走廊循环往复，具有流动的美感。给游客设定的路线只是宫殿的一
小部分，但慢慢参观也用去了大半天时间。

凡尔赛宫就是一个艺术博物馆。所有的房间装修繁复奢华，处
处堆金绣银，满目金碧辉煌，令人过眼瘾而心诚服。大厅里有气势
磅礴的巨型浮雕，许多厅房里挂满了名家重墨浓彩的油画，还有来
自波斯的花纹奇特壁毯，走廊里布满形象生动的雕塑，房间里摆放

着工艺精湛的法式家具，随处陈列来自世界各地的珍贵艺术品。

王宫前面是景色秀丽的法式花园。公园绵延长达3公里，一花一草精心修剪，一水一池让人惊叹。花坛草坪喷泉池里有数不尽的雕塑，神态各异，形象生动。这里原来是一片原始森林，沼泽湿地，密林蔽日，泥塘深泽，水流漫滩，修建凡尔赛宫时砍伐掉碍事的大树，辟为秀丽的花园。花园里有众多的喷泉，分别起名为春、夏、秋、冬之泉等，还修建了复杂的水系，安装了14个巨型水轮、200多个水泵，向多达1400多个喷水头供水。水源来自接通了塞纳河的大运河。据说凡尔赛宫的喷泉全部开通时，用掉的水比整个巴黎消耗的还要多，而当时的巴黎市民却时常断水，以至于引起了疫情。

法国大革命的混乱时期里，凡尔赛宫被民众多次洗掠，宫中陈设的家具、壁画、挂毯、吊灯和陈设物品被洗劫一空，宫殿门窗也被砸毁拆除。1793年，宫内残余的艺术品和家具全部被运往卢浮宫，此后凡尔赛宫沦为废墟达40年之久，直至1833年奥尔良王朝的路易·菲利普国王下令修复凡尔赛宫，将其改为国家历史博物馆。

奢华生活的权术妙用

国王骄奢淫逸不奇怪，可将奢华生活变成一种统治权术、为自己的政治目的服务，可能只有路易十四才能够做得到。

我们一个房间一个房间地参观，在导游生动的讲述中，慢慢搞清楚了路易十四奇特的生活方式。且让我们看看他是如何度过一天日子的。

当天空破晓，太阳即将升起时，路易十四睡醒了。他住在大理石庭院楼房中二层的国王套房里，一睁眼首先看到的是天花板上那幅名为《法兰西守护国王安睡》的巨大浮雕，他念叨了一句"感谢上帝让我醒来"的话语，就在床上享用仆人们送来的丰盛早餐。早餐用过，仆人开始侍候国王穿衣服。这时已有与国王血缘最近的大臣，围在旁边观看国王如何穿衣打扮，国王一天的影响力从此时开始了。

国王套房是凡尔赛宫的政治活动中心，每天都要在这里举行起床礼、早朝觐、用膳礼、晚朝觐、问安告别等仪式，为此宫中设立了御衣官等一系列荣誉职务，得到国王宠幸的大贵族们有幸轮流担任这些职务，他们为此可以得到丰厚的俸禄和赏赐。卧室南边是"牛眼厅"，因大门上方有一扇牛眼状的天窗而得名，这里是亲王贵族、大臣们候见的地方；北边一间会议室，时常举办一些小型的接见、会唔活动。

有时候国王也可能前往名叫海格立斯厅的王室教堂做礼拜活动。王室家族的婚礼一般都在这个教堂里举行，后来教堂改为专门的国王接见厅。大臣排队前往觐见国王时会经过丰收厅，这个房间里摆满了历代国王的各种勋章奖章，以显示王室的荣耀。旁边是维纳斯厅和狄安娜厅，房间里摆满了精致的家具、精美的瓷器。再旁边是玛尔斯厅和墨丘利厅，国王经常在此举办宫廷音乐演奏会，偶尔会打牌，小赌一两把娱乐一下。

再前行来到阿波罗厅，这里摆着国王的御座，御座为纯银铸造，高2.6米，估计主要用作摆设，如果真的坐在上面大概会头晕目眩。阿波罗就是太阳神，路易十四自诩为"太阳王"，因此这里是象征他至高无上地位的重要场所，会在这里处理一些最重要的政事。

连在旁边的是战争厅。房间里悬挂着反映路易十四征服西班牙、德意志、尼德兰等地的油画；金色的壁炉上有一面浮雕，国王骑在高大战马上踌躇满志，意气风发。看起来这个厅主要是用来宣扬路易十四战功武治的纪念馆。

再往前走就来到了著名的镜厅，这是一间宽敞的走廊。长廊72米长，墙上镶嵌着17面由357块镜片组成的巨幅镜子；对面有17扇拱形窗门，窗外是佳木葱茏、鲜花盛开的御用花园。站在镜厅里，仿佛身处景色优美的皇家花园中，场景如梦如幻，令人神思飞扬。

路易十四经常会在镜厅里举办盛大的化装舞会。他自幼经过芭蕾舞训练，身材挺拔，舞步灵活，舞会是他表现自己相貌英俊、行动矫健、魅力无穷的最佳场所。他先后出演过21部芭蕾舞剧，最中意扮演的角色是太阳神阿波罗，由此得到"太阳王"的称号。

路易十四把凡尔赛宫变成了一个大舞台，每天都上演着关于王权的精彩剧目，路易十四当然是剧中的主角。既然路易十四充当了一位衣着华丽、舞姿优美、演技出色的演员，当然需要众多捧场观剧的观众。谁来当观众呢？路易十四邀请全国各地的诸侯贵族来巴黎，住在王宫或者各自的公馆里，凡尔赛宫建好后，大部分人就住进了此宫。

路易十四把凡尔赛打造成了一个梦幻世界。在这里，王公贵族们能够见识到最豪华的宫殿、最排场的宫廷礼仪；可以整天穿着最华丽的衣裳，参加最奢侈的宴饮，观看最优秀的演出；男人由于能够近距离地接触太阳王，感觉自己身上也反射出了光芒；女人精心打扮得花枝招展，以勾引各种有钱有型、多情轻薄的追求者。这里是令人眼花缭乱的万花筒、争宠求荣的名利场、风舞蝶浪的温柔乡，大家都醉死在酒杯中，融化在糖罐里，不再有做事业的雄心和对抗王权的勇气。

这实际上是路易十四设计的一个一石二鸟的措施。一方面，这些贵族非常乐意扮演国王的贵客，待在华美的宫殿里，整天参加舞会和各种娱乐活动，快乐地享受各种美食，观看国王的一举一动，打听宫廷里的各种小道消息，以满足自己的虚荣心；另一方面，国王通过这种方法，让诸侯贵族们脱离自己的领地，减少与民众的接触，使他们的影响力日益淡薄。有没有人不愿意接受国王的邀请？那些野心深藏不露、有远大志向的一些人，当然不愿意进入樊笼被困住。但拒绝邀请意味着与国王为敌，可能会产生严重后果，付出巨大代价。他们只好隐藏住自己的野心，随大流混日子。而时间一长，事业竞争心渐渐泯灭了，心机用在如何向国王争宠上，最后真的成为国王的粉丝。这倒是一件好事，争权夺利的贵族消停了，国家也就太平了。

顶峰时代

17—19世纪的法国是欧洲人口最多的国家，经济实力也强大。法国大革命初期法国的人口达到2700多万人，人多力量大，柴多火焰高，人口大国加上一个好大喜功的国王，法国达到了国力的顶峰，成为欧洲光芒四射的一盏明灯。

作为胸有大志的国王，路易十四优点很多。首先他勤政，勤勉程度堪称法国历代君主之最。据说他在位的54年里，每周工作6天，每天工作8小时，从不间断。

他也好学上进。当时欧洲的外交文件多用拉丁文写成，但路易十四不懂拉丁文，为了方便掌握第一手外交信息，他开始苦学拉丁文。从此以后，想要糊弄他是不可能的了，法国在外交领域接连打了好几个漂亮仗。

他在财政上锐意改革，逐步偿还了国债，设法不增加人民负担。法国农民一直念叨他的一句话："要让乡亲们的每个礼拜日锅里都有一只鸡。"（也有史书说，这句话是他爷爷亨利四世说的。）

为了扩大地盘，确立欧洲霸权，他不想啰嗦，用枪炮说话。路易十四在其亲政的54年中，竟有31年让法国处于战争状态之中。1667—1668年与西班牙发生"王后权利战争"（又称"遗产战争"），法国得到了尼德兰南部的一些地区。4年后的1672—1678年与荷兰交战，法国占领了弗朗什孔泰和尼德兰南部的一些城市。10年后的1688—1697年法国与反法"奥格斯堡联盟"又起战火，这一次路易十四的野心未能得逞。4年后的1701—1714年法国和奥地利为争夺西班牙王位又打起来了。虽然战后确认了路易十四的孙子腓力五世继承西班牙王位，但按照条约规定，法、西两国不得合并；法国丧失了在尼德兰、意大利和北美的部分利益。几十年的战争，虽然也让法国赢得了西欧霸主的虚名，但得不偿失，不仅没有抢来多少地盘，还给国家带来了巨大的财政负担，经济上濒于破产；大大增加了民众赋税，让老百姓苦不堪言。

路易十四的遗产，主要表现在文化建设方面。

首先是城市建筑。路易十四将欧洲的建筑提高到了一个新水平，最突出的代表就是巴黎城市和凡尔赛宫。路易十四要把巴黎建成自罗马以来最伟大帝国的首都，为此大规模进行复制：宽阔的街道、空旷的广场、无数的喷泉、布满街头的雕塑……城市的壮丽豪华，让巴黎成为欧洲的中心。横空出世的新城市，连同时髦奢华的生活方式，一起成为欧洲国家上流社会的楷模。奥地利的维也纳、普鲁士的柏林，都以巴黎为榜样重塑形象；俄国沙皇彼得大帝亦步亦趋，并想超越巴黎，干脆决定在毗邻欧洲的河口海港重新建造一个新首都——圣彼得堡。

其次是统一语言。原来法国各地人说着各种地方土话，随着巴黎影响的扩大，法国以卢瓦尔地区人讲的法语作为现代法语的标准，由法兰西科学院的一些学者不断地进行规范，用56年时间编撰了《法语大辞典》。标准的法文在全国普及，法语的影响扩大到了欧洲。17—18世纪，法语是外交和高层社会的通用语言，当时欧洲各国宫廷都以说法语为荣耀，俄罗斯高层贵族说法语的人比说俄语的还要多。

再次是创办艺术类大学。1661年，路易十四下诏创办皇家舞蹈学院，建立了芭蕾舞教学体系，其舞蹈标准沿用至今。不光青睐舞蹈，路易十四也支持戏剧，特别关照莫里哀，为其成为喜剧大师铺平道路，莫里哀、高乃依、拉辛等戏剧家为法国戏剧赢得了世界声誉。1655年，绘画雕刻学院荣获路易十四的特许状，成为第一所用来训练美术艺术家的学院，后来重组绘画雕刻学院为皇家艺术学院。1666年，政府在罗马成立皇家学院，将派遣艺术家到意大利学习训练的做法制度化。1671年，成立皇家建筑学院，不断提高法国建筑的艺术水平。

以上做法也取得一石二鸟的效果。一方面把法国的文化艺术人才纳入了皇家的樊笼，让他们变成了黄金鸟笼中的金丝鸟，只为皇家的荣耀和光荣欢叫；另一方面也为国家培养了众多的艺术人才，把法国的文化艺术提高到了一个新的水平。直到今天，游客看到的许多文化艺术精品多数都是路易十四时代留下来的，"法国生活方式"也成了一个代表奢华、高雅、浪漫的专用名词。

路易十四是艺术的慷慨赞助者。皇家画廊的绘画从200幅增加到2500幅，其中多数是法国艺术家的作品。他也大量购买意大利古典和文艺复兴时期的作品，以至于罗马教皇下令禁止艺术品外销，怕意大利的艺术品被法国买光了。后世有学者评价说："法国艺术并不如某些人所贬低的，带有罗马风格；相反，罗马的艺术附属于路易十四。"

路易十四还喜欢交朋友。例如，路易十四曾向中国派出使节，给康熙皇帝写过一封私人信件，送了浑天器等30箱科学仪器给中国。外交使者献上的金鸡纳霜治好了康熙的疟疾。法国专家参与了中国首份现代化全国地图《皇舆全览图》的绘制工作。这些都是中法两国友好往来史上的佳话。

从法国现代化发展的角度评价，路易十四无疑是一个伟大、开明的君主。可以和同时期的一些国家做一个横向对比。在法国取代西班牙哈布斯堡王朝成为欧洲霸主时，英国人还处于内乱和光荣革命的岁月；德意志小国林立，力量分散；俄罗斯彼得大帝刚刚开始进行改革；而美国则是欧洲列强的殖民地。

但是，路易十四无穷无尽的好大喜功、没有节制的奢华生活，没完没了的对外战争，让法国背上了沉重的负担，给法国人民带来了灾难。当时有一位贵族写道："几乎1/10的人成了乞丐"，穷人饿死的消息不断传来。早晨的太阳王光辉，到了傍晚基本消散尽净。

1715年9月1日，路易十四逝世，享年77岁。去世时，法国劳苦民众表现漠然，国王的葬礼没有得到人民的眼泪。

一些学者的评价倒是不同。伏尔泰评价说："路易十四为有史以来最伟大的艺术赞助者"，颂扬他的统治期是一个"人们提起他的名字无不油然生敬，听到这个名字无不联想到一个永远值得记忆的时代"。波西米亚的约翰国王对法国的生活十分着迷，称赞巴黎是"世界上最具骑士风度的地方"，一再嘟囔不愿离开巴黎、想一直住下去。拿破仑一世反对波旁王朝，然而他对路易十四持赞美态度。他评价说："路易十四是个伟大的国王，是他造就了法国成为国际中第一流的地位，法国自查理曼大帝以来，又有谁能在各个方面与他相比呢？"拿破仑话中有话，他没有完全说出来的意思是：只有他自己才可与查理曼和路易十四相比。后面我们还会专门讲述拿破仑的故事。

法国大革命的狂飙

巴士底狱没有监狱

"巴士底狱"十分有名，在许多历史书上都能看到这个名字，我们来到巴黎当然要参观这个景点。我们的车辆到了巴士底广场，下车观光却见不到巴士底狱，这座建筑在法国大革命的狂飙中被拆毁了。

导游指指点点，给我们讲述历史上曾经存在过的巴士底狱。"巴士底"的法文词义为"城堡"，巴士底狱始建于14世纪，位置在巴黎城门前，目的是防御百年战争中英国人的进攻，占地面积2670平方米，有8座30米高的塔楼，塔楼间有城墙连接，城墙上布防15门重炮；城堡四周有宽26米、深8米的壕沟环绕，只有一个吊桥与外界连接，叫谓固若金汤。

后来随着巴黎市区不断扩大，巴士底失去了军事城堡的功能，改为王室监狱，主要关押政治犯，关押过伏尔泰、神秘的"铁面人"等名人。后来巴士底狱的钦犯越来越少，在革命发生的那一天，只关着7名无关紧要的犯人。虽然作为监狱的功能弱化了，但这里是巴黎城市的制高点，是法国专制王朝的象征物。

革命后监狱被拆除得干干净净，在广场上建起了又高又圆的碑柱。这是一座52米高的青铜巨柱，柱顶上有一个金色女人，身插双翼，展翅欲飞，应该是自由女神的形象吧。令人迷惑的是，青铜柱碑纪念的对象，不是法国大革命的革命者，也不是攻陷巴士底狱战斗中的牺牲者，而是几十年后才发生的七月革命的参与者，这是为什么呢？

我们在广场上溜达，听导游讲述法国大革命的故事，找当时现场之感觉，发思古之幽情。今天巴黎天气不错，湛蓝的天空，白色的云朵，衬托着青铜纪念柱，一派和平安详的气氛。但是天气变化是很难预测的，也许顷刻间白云会变成乌云，云层里蕴藏的能量一旦释放出来会化成可怕的风暴。

这是发生于230年前的故事。1789年7月14日，住在凡尔赛宫的法王路易十六在其记事本上如是记道："14日，星期二，无事。"那一时期法王是这样传位的：路易十四传位给曾孙路易十五，路易十五传位给其孙路易十六。

路易十六的统治能力比他的老祖宗路易十四差远了。他对国家政事不感兴趣，喜欢骑马驰骋在密林田野里狩猎，此外还有修理各种各样锁头的嗜好，从而得到了"锁匠国王"的称号。就在他认为"无事"的这一天，20公里之外的巴黎出了大事，市民正在进攻巴士底城堡。事发于社会阶级矛盾的激化。当时的法国社会分为三个等级：第一等级由天主教教士组成，第二等级由贵族组成，这两个等级是居于统治地位的特权阶级，国王是他们的头儿；剩下的资产阶级、农民和城市平民组成了第三等级，处于被统治地位。

前一段时间，为解决国库空虚、王室债务沉重的问题，路易十六同意在凡尔赛宫召开三级会议。这次会议距离上一次召开会议已有170多年了。1789年5月5日，三级会议正式召开。国王心里想的是如何增加税收，而第三等级代表乘机提出了制定宪法、限制王权、实行有利于资本主义改革的诉求，双方相持不下。6月17日，第

◎ 巴士底广场上的"七月圆柱"

三等级代表宣布成立国民议会。7月1日,路易十六调集军队企图解散议会,激起了巴黎人民的武装起义。

7月13日,巴黎发生暴动,一天功夫除巴士底狱外全城陷落。14日清晨,上千名群众围攻巴士底狱堡垒,人们用从皇家荣军院夺来的枪炮发动进攻,第一个冲进巴士底狱的是一位木匠。守军用大炮向起义者开火,受挫的起义者也找来一门大炮向巴士底狱开火,一个卖酒人居然自告奋勇成为炮手。互相炮击,相持一段时间后,官兵们举起白旗投降。两天后,巴士底狱这座巨大城堡被市民一砖一石地拆除削平,最终夷为平地。

直到第二天路易十六才明白了局势的严重性。一位大臣向他报告了巴黎发生的一切后,国王吃惊地问道:"怎么,这不是造反吗?"大臣回答说:"不,陛下,是一场革命。"起义中,资产阶级的代表夺取了巴黎市政府政权,建立了国民自卫军。人民组织起来的制宪会议开始讨论国事。8月26日,通过《人权与公民权宣言》，庄严宣布"人生来始终是自由平等的"。议会废除贵族制度，没收拍卖教会财产。10月6日，2万多名巴黎人进军凡尔赛，包围王宫，迫使王室搬到巴黎，国王承认了革命后的新议会和政府。

1791年6月20日，路易十六乔装打扮后出逃，企图勾结外国力量扑灭革命，但中途被识破押回巴黎。6月21日早晨，国王出逃的消息在巴黎传开。路易十六临行前在桌上留下一份声明，谴责制宪会议从王室手中夺走了外交、军事和地方行政权力，并宣布他在1789年6月23日以后批准的法令全部无效。

当时法国热爱国王的民众数量还是相当多，开始他们认为路易十六出逃是被绑架而走的，国王留下的声明给民众造成了极大的心理创伤。对国王彻底失望后，广大群众要求废除王政，实行共和；但君主立宪派则主张维持现状，保留王政。当时的国际形势已经十分危险，奥地利、普鲁士、西班牙、俄国等封建君主，企图对法国进行武装干涉。7月25日，普奥联军总司令发布了战争威胁宣言，声称如不恢复路易十六的自由和合法权利，将彻底摧毁巴黎。战争威胁激怒了巴黎民众，8月10日，巴黎人民第二次武装起义，占领了王宫。在武装群众的压力下，立法议会通过了停止国王职权，将其押送进监狱监禁，等候审讯等决议。11月，有人在杜伊勒里宫墙壁中的一个小壁橱里发现了路易十六和敌人往来的书信，据此证据国民公会判定国王犯有叛国罪，做出了处死他的决定。1793年1月21日清晨，在革命广场的断头台上，随着刽子手行刑，国王人头落地。

就这样，法国波旁王朝如果从亨利四世（1589年就位）算起，到末代国王路易十六（1789年）结束，总共200年。路易十六成为法国历史上唯一被执行死刑的国王，是欧洲被处死的3个国王中的一个。另外两人，一个是英国国王查理一世，时间上算是第一人，第三个是沙俄末代皇帝尼古拉二世。

波旁王朝后来还有一小段尾声。路易十六死后，保皇党立其第二子路易十七为国王，他1795年死于狱中。拿破仑一世帝国崩溃后，1814—1815年和1815—1830年波旁王朝两次恢复统治权。保皇党迎接流亡国外的普罗旺斯伯爵返国即位为法王路易十八（1815年中有3个月拿破仑一世皇帝从小海岛上逃回来卷土重来，被称为"百日"统治期，期间路易十八又流亡国外）。1824年，路易十八驾崩，查理十世继位。他上任后的倒行逆施激起了七月革命（发生于1830年），波旁复辟王朝才彻底垮台。

搞清楚最后这一段历史后，我才明白巴士底狱广场上的青铜柱为什么被命名为"七月革命纪念碑"。波旁王朝还有过死灰复燃的机会，只有经过七月革命后，卡佩王朝起始的法国封建王朝，才受到釜底抽薪式的彻底打击（虽然后来又建起了以路易·菲利浦为首的七月王朝，但已经是狂涛后的小水花了）。七月革命对结束封建王朝算了一个总账，也给法国大革命画上了一个句号，由此可以看出纪念碑柱的历史意义。

协和广场的不协和岁月

在一个风和日丽的日子里，我们来到协和广场观光。这里是巴黎的中心闹市区，一个绿树草地＋雄伟建筑＋文化殿堂＋时髦商业街市的观光长廊，是流光溢彩繁华地、五颜六色万花筒、五光十色绿色岛，千般风流尽在一地，万种妩媚吸引游客。

这条绿色长廊南北走向，从凯旋门星形广场向西，经过香榭丽舍大街、大小皇宫、协和广场、杜伊勒里公园、小凯旋门、卡尔塞尔广场，直到卢浮宫。长廊的南边是塞纳河，清流碧波更增加了城市的秀丽。正所谓锦绣绿色与丝绸蓝色并列，市井喧嚣同长河静流呼应。这条绿色长岛中，协和广场是中心点。

最初决定兴建协和广场的是18世纪的法王路易十五。他就是太阳王路易十四与被斩首的路易十六之间的那个国王，因执政无能，生活糜烂而被国民唾弃。他没有什么出色的政绩被人记住，人们只

⊙ 协和广场上高大的方尖碑最
引人注目，这是埃及送给法
国的礼物 摄影/段亚兵

记住了他的一句话："我死后，哪管洪水滔天。"路易十五将广场命名为"路易十五广场"，为的是宣扬至高无上的皇权，为自己树碑立传。法国大革命时期将广场改名为"革命广场"，大革命狂飙结束后又改名为"协和广场"。1840年重新修整，形成了如今的规模和样子。

我们长时间地逗留此地，仔细地观察广场景色。广场呈八角形，中央高高矗立着一座方形的碑，碑顶突然收尖，造型奇特又自然，样子很像中国唐朝勇将秦琼手中的兵器四棱锏，这就是著名的埃及方尖碑。方尖碑是由整块的粉红色花岗岩雕成，碑身上刻满了埃及象形文字，充满神秘的味道。方尖碑是埃及国宝级的艺术品，像眼前这样巨大无比的方尖碑更是国宝中的罕见珍品。这种方尖碑原为一对，最早树立在埃及古老神圣的卢克索底比斯神庙前。如今一个还留存在原地，另一个于1831年由奥斯曼帝国埃及总督穆罕默德·阿里赠送给了法国，就是协和广场上的这一座。

赠送特别的礼物一定有特别的理由。埃及为什么将如此珍贵的国宝送给法国呢？一种说法是与法国学者商博良有关。我在《英国文明与工业革命》一书中记述大英博物馆时说到了这个故事。简单讲，拿破仑一世率法军征战埃及时，发现了埃及罗塞塔碑，石碑上有一些谁也不认识的文字。欧洲许多文字专家都设法破解石碑上的文字，最后法国语言学家商博良破解了碑上古埃及文字的密码，于是打开了神秘的古埃及象形文字的大门，古埃及学由此诞生。这是世界考古史上的重大事件，如果真的是这个原因，倒是国际文化交流的一桩美事。但实际情况可能要更复杂一点，当时埃及总督胸怀大志，打算富国强兵，而当时的英法等欧洲强国对埃及又拉又打，埃及日益走上了半殖民地道路。因此埃及送方尖碑可能一半出于畏惧，一半出于拉拢。

对协和广场细细品味，可以感觉到此广场与巴黎其他广场的不同特点。广场的形状是八角形，无边界，开放式，显得宏伟大气，散步于其中感觉视野特别开阔。向东面可以穿过花团锦簇的杜伊勒里花园，到达小凯旋门和世界著名的卢浮宫；向西就是繁荣奢华的香榭丽舍大街，大街的西端是大凯旋门和星形广场，放射性的道路通向城市各处；南面是塞纳河，通过河面上的协和桥可以到达国民议会大厦和荣军院；北面有两座式样相同的建筑：法国海军部和克里雍大饭店，再向北通往马德莱娜教堂。

在广场上溜达，能够瞥见塞纳河长流的波光浪影，联想法国历史长河的曲折暗流；远眺杜伊勒里花园里的树叶婆娑起舞，感受法国文化的千姿百态；欣赏八个城市的形象雕塑，领略每个城市的不同风格；广场的南北两端建有河神、海神两个很大的喷泉，喷泉模仿罗马喷泉的风格，青铜雕美人鱼口中喷水，三层水坛上水花飞溅，更增加了广场的妖娆风采。然而更动人心魄的是，让人想起此广场曾经狂飙突起，法国大革命的风暴席卷一切。

协和广场上原来竖立着路易十五的骑马雕像，但在法国大革命中国王的雕像被推倒，建起了恐怖的断头台，歌颂国王权威的荣誉台变成了杀人如麻的行刑地。路易十六就是于1793年1月21日清晨，在革命广场的断头台上被刽子手行刑斩首的，之后被处决的还有皇后玛丽·安托瓦内特等皇室成员及大臣约1100人。据说玛丽皇后就是那位历史上的奇人，当大臣汇报说法国老百姓贫穷得吃不起面包了，她不理解地问道："那他们干吗不吃蛋糕呢？"

国王虽然被处死了，但是由谁来掌舵法国这艘大船呢？政治上的一团乱麻不可能一下子解开。革命广场上刽子手每天都在行刑，鲜血在继续流淌。广场上站满了看热闹的群众，每次刽子手砍下一颗头颅，台下一片喝彩声。

打倒国王容易，而管理好一个国家却十分困难。国王被打倒后，先是由资产阶级共和派吉伦特派掌握政权。路易十六就是在吉伦特派主导的国民公会上被审判、判处死刑的。1973年5月31日，巴黎人民发动第三次起义，推翻了吉伦特派的统治，建立起更激进的雅各宾派专政，10月底，一批吉伦特派被处决，国内形势迅速好转，外国干涉军也全部被赶出国土。随着不断取得胜利，以丹东为首的一部分雅各宾派要求停止实行恐怖政策，而以巴黎公社副检察长埃贝尔为首的一派则坚持继续加强恐怖统治。

受到两面夹击的以罗伯斯庇尔为首的执政派，先后逮捕并处死两派领导人，继续扩大执行恐怖政策。国民议会中人人自危，都害怕说不定哪一天自己也会被斩首。恐怖气氛中人心突变，国民公会中占多数的平原派，同原丹东派、埃贝尔派以及一切反罗伯斯庇尔的势力联合起来了，于1794年7月27日突然发动热月政变，推翻了雅各宾专政；两天内处死罗伯斯庇尔等90人，结束了恐怖局面。

对罗伯斯庇尔想多说几句。此人在法国大革命中最冷酷无情，杀人如麻，巧舌如簧，蛊惑人心，善于操纵革命恐怖的局面。但俗话说得好：玩火者必自焚，养凶者遭反噬。罗伯斯庇尔步路易十六的后尘，在同一场狂乱风暴中，同一个革命广场上，被同一把铡刀斩首，历史的诡秘之处难于解说。

后来法国政坛上群龙无首，你争我斗僵持不下，最后由资产阶级右翼势力借助军人的力量收拾残局。1799年11月9日（共和八年雾月18日），拿破仑·波拿巴将军发动政变，建立起临时执政府，是为"雾月政变"。此后法国政局进入了一个新阶段。

人是感情丰富的动物，容易被感情所左右而失去理智，浪漫的法国人在这一点上尤甚，在法国大革命中该民族的暴烈性格暴露无遗。但人心是会变的，久静思动，动久盼安。也许因为革命的生活太紧张了，人们想要舒暖放松；也许是广场上流的血太多了，人们需要恢复平静；也许阶级斗争太激烈了，人们急盼妥协和谐。于是，后来广场重建时，革命广场又改名为协和广场。

捍卫生存权利的烈士

我们来到了巴黎公社社员墙遗址。

巴黎公社社员墙位于巴黎东面的20区，这里有一个名叫拉雪兹神甫的公墓区，社员墙地处公墓区的东北角。这是一段灰色的砖墙，历史的风雨在墙上留下斑驳的阴影，然而绿色的植物生气勃勃，表现出旺盛的生命力。地面上有几束游人献上的鲜花。墙的中央位置有一块很大的石牌，上面写着法语"巴黎公社1871年3月18日—5月28日"的字样。

历史上的巴黎公社有两次。一次是1792—1794年法国大革命时期成立的巴黎市政自治机构。公社在与吉伦特派的斗争中全力支持雅各宾派，成立了与立法议会并存的政权，热月政变后解散。第二次的巴黎公社是1871年3月18日革命后建立的无产阶级政权，是世界历史上推翻资产阶级统治、实行无产阶级专政的第一次尝试。两个

◉ 巴黎公社社员墙

公社相距约80年，拉雪兹神甫公墓里的社员墙是纪念后一个公社的墙。这说明，法国大革命近一个世纪后，法国人民理想信念依然坚定，革命激情仍然旺盛。

此时，法国虽然经过了大革命狂飙的涤荡，但社会不平等的现象普遍存在，人民并没有脱离苦难的泥沼，革命的地火在地底下奔窜，燃烧。这个时期法国掌管于法兰西第二帝国的路易·拿破仑·波拿巴手中。当时法国与普鲁士正在交战，1870年9月2日，法军于色当一战中大败，路易·波拿巴率军向普鲁士投降，巴黎掀起9月4日革命，推翻第二帝国。然而成立的资产阶级"国防政府"开始谋求屈辱议和，9月18日，普鲁士军队兵临巴黎城下，巴黎人民组织国民自卫军自卫。3月18日，法国梯也尔政府军开始袭击镇压国民自卫军，触发了人民的武装起义，3月28日，巴黎公社正式成立。

梯也尔政府军与普鲁士军队签订秘密协议后，在后者的支持下进攻巴黎。5月17—20日政府军集中几百门大炮猛轰巴黎西区各城门，流血周开始了。公社战士最后退到了拉雪兹神甫公墓抵抗，社员墙就是他们最后倒下的地方。政府军对巴黎市民实行了血腥大屠杀，据统计，一周内3万多人遭残杀，7万多人在作战中牺牲，6万多人被投入监狱或流放。

巴黎公社虽然只斗争了72天，但它为无产阶级革命运动提供了极其宝贵的经验和教训。这是无产阶级推翻资产阶级统治、建立无产阶级专政的第一次伟大尝试，是19世纪无产阶级解放运动达到的新高峰。马克思、恩格斯满腔热情地赞扬巴黎无产者的革命创举，后来马克思又写了《法兰西内战》的文章总结巴黎公社的经验，丰富了科学社会主义理论。

自由之中的不自由

自由是人类重要观念之一，起源于欧洲的启蒙运动，在法国大革命中表现得淋漓尽致。

什么是自由？是人不受约束、随心所欲行动的权利吗？法国大革命从某种角度讲，是一种"自由"观念大规模的社会实践，是一次进行试对试错的试验。它告诉旁观者和后来者：自由与不自由之间的界限相当模糊，难以分清；从不自由到自由，或者从自由再到不自由，其距离之短超过任何人的想象。法国大革命追求自由而失控，自由走向了自己的反面，让人们感觉到了最大的不自由。这也就是中国《周易》中所说的阴阳转换、否极泰来、物极必反的道理吧。

在革命广场上设立断头台后，杀人越来越多、杀人的速度越来越快。广场上看热闹、主张"群众专政"的人也许越来越开心，但是还拥有能够独立思考头脑的人越来越不安。第一个提出质疑的人是法国大革命的元勋丹东，他身为革命政府公安委员会主席，签署过不少杀人的命令，有一次在和友人一起散步于塞纳河边时，他突然说："看！那么多的血！塞纳河在流血，流得血太多了！"丹东开始对绝对化的人民民主的自由产生了怀疑。他对人们说："自由之神的铜像还没有铸造好，炉火烧得正旺，我们谁都可能把自己的手指烫焦。"

不幸的是炉火很快烧焦了他的手指。丹东竟然也被举报、站在法庭上受审。他并不畏惧，手指着坐在审判席上的罗伯斯庇尔等人对听众们说："正是他，让自由的每一个足音都变成一座坟墓。这种情况要继续到什么时候？你们要面包，他们却掷给你人头！你们口干欲裂，他们却让你们去舔断头台上流下的鲜血！"

丹东被处死了。砍下他头颅的，正是砍下路易十六头颅的那把铡刀，后来这把铡刀又飞快地落在了罗伯斯庇尔的脖子上！

丹东临死前已经看透了这种"暴民政治"自由的实质，他悲凉地说："这种自由与妓女一样，是世界上最无情无意的东西，跟什么人都胡搞……"另有一位被推上断头台的革命者罗兰夫人哀叹道："自由啊自由，多少罪恶假你之名而行？"

断头台上发生的事情说明：巴黎当时的恐怖状况，正与法国大革命提出的自由和平等的理想越行越远。两个世纪以后，我们再来看法国大革命中表现出来的自由，越来越清楚地领悟到：自由像奔驰在铁轨上的火车头，一旦铁轨被破坏，火车头就会冲出轨道，造成车毁人亡的惨剧；自由就是水渠中的扬波清流，一旦水渠断裂，水流就会变成滚滚洪水造成屋毁人亡的灾害。

这样看来，自由是有边界的，这个边界就是他人的正当权利。如果侵犯了他人的正当权利，自由就会变质，变成害民的暴政、惨烈的屠杀。自由是需要受到束缚的，靠制度和法治束缚，才能保证有良好的社会秩序，而没有秩序的自由，是泛滥的洪水，是脱轨的火车头。这种情况下，自由就走向了反面，变成了不自由。

其实法国人在人权宣言中说得理性又正确："自由就是能够做任何无害于他人的事情。"马克思也谈到了自由的问题，认为共产主义的理想社会是一个"自由人的联合体"。怎样理解这句话？按照笔者的理解，马克思设想的"自由人"，是以保证其他人的自由

队。两军正面决战。第一天法军初战小胜，但第二天形势逆转，法军溃不成军，奥军已经向维也纳报捷，但拿破仑头脑冷静，指挥不乱，结果法军反败为胜，取得了马伦哥战役的胜利。

马伦哥大捷是拿破仑执政后指挥取得的第一场战役胜利，对于当时在欧洲混战中处于下风的法国意义重大，既巩固了法国脆弱的资产阶级政权，也加强了拿破仑的统治地位。这场战役拿破仑引以为傲，而这幅画作更让他心喜不已。

《拿破仑加冕》的盛大场面

作者同样是画家雅克-路易·大卫。在庄严豪华的巴黎圣母院里，正在进行着拿破仑的加冕仪式。宽敞的教堂大厅里集满了人，其中有众多的神职人员、拿破仑的将军大臣、拿破仑的家族成员等，大家正在见证一个重要的时刻。画面中最中央位置站立的是拿破仑，只见他头带花冠，身着红色大氅，双手举着一顶金色的王冠；皇后约瑟芬跪在拿破仑前面，准备接受拿破仑将要亲手给她戴上的金冠。从罗马远途赶来的教皇庇护七世坐在拿破仑的身后，一脸无奈的表情，为拿破仑抢了他的活计而生闷气。

加冕本来是由教皇授王冠给登基国王的神圣仪式，教皇代表天主操持仪式，给王权加持，为王权镀上一层神圣的光辉。但是为拿破仑加冕的仪式全乱套了，当年迈的庇护七世教皇颤巍巍地捧起王冠准备给拿破仑戴上时，没料到拿破仑不按规矩办事，一把夺过王冠戴到了自己的头上。

画油画其实就像拍照片的"抓拍"，选择最经典的场面留下历史的瞬间。就整个仪式来说，最重要的场面肯定是拿破仑给自己戴上王冠这一举动，但大卫不敢！他的聪明就在于既要将加冕仪式的重要场面记录下来，又不能得罪教皇，如果真的选择拿破仑抢王冠的镜头，那教皇就要尴尬地钻地缝了，于是他选择了后一个场面，就是拿破仑给皇后约瑟芬戴王后金冠的时刻。

加冕仪式的背景是这样的：前面提到拿破仑发动了雾月政变，先是自任第一执政，再改为终身执政，后来干脆摇身一变成为法兰西皇帝。既然要当皇帝，按照欧洲的政治规矩，请教皇来搞一次加冕仪式是必须的。

这件事引起了几个饶有兴趣的问题。第一个问题：经过法国大革命洗礼、革命斗志旺盛的法国人民，不惜抛头颅洒热血，经过艰苦卓绝的斗争推翻了帝制后，为什么又会接受拿破仑任他们的新皇帝呢？这说明内容与形式相比，人们更看重内容，就算是浪漫的法国人也有讲求实惠的一面。就选择一个国家领导人而言，头顶王冠或是戴着军帽其实并不重要，关键是他对人民是何种态度，能为国家带来什么？拿破仑率领法军杀出欧洲联军的重围，为法国赢得了胜利，给人们带来了希望，此外他还是赞成启蒙思想的人，早在求学时就孜孜不倦地学习研究伏尔泰、卢梭等启蒙学者的各种著作，受到了启蒙理论的影响，认为政治变革是绝对必要的。因此，虽然"皇帝"的头衔是一样的，但此新皇帝不同于彼旧皇帝。拿破仑当上皇帝后，更是用行动说明了这一点：虽然他结束了法国大革命，但是把自由平等思想传播到了全欧洲；虽然他是高高在上的皇帝，但是他热心编撰《民法典》，用法律保障人权，等等。

第二个问题：拿破仑既然是一个"新皇帝"，他为什么还要请教皇来为他主持旧式的加冕仪式？我觉得这是拿破仑拥有很高政治智慧的一个证明。启蒙思想的核心观念之一是用理性反对宗教，用人权反对神权。在启蒙运动的荡涤下，法国宗教迷信的势力节节败退，但这只是一个方面；另一方面，与城市居民和知识分子的情况不同，法国的普通群众，特别是农村的劳苦大众，多数是虔诚的天主教教徒。这种情况下，请来教皇主持加冕仪式，能够给自己的王冠镀上圣神的色彩，靠天主的权威证明自己政权的合法性，有利于赢得民心。

实际上从君权的来源看，拿破仑的王位并不是上天所赐的，也不是世袭的，而是来自人民的授权。在关于设立"法兰西人皇帝"及其继承人议题而举行的公民投票中，赞成票达到了惊人的357.2万张，反对票只有2000多张。经过法国大革命洗礼的法国人民再次选择了君权，举国臣服于拿破仑，而智商极高的拿破仑请来教皇主持加冕仪式让自己的王冠多一道保险。但教皇只能当观众而不能当演员，拿破仑的过人之处在于虽然请来了教皇，但他不愿意跪在教皇的脚下接受加冕，绝对不让神权的影响盖住王权的权威，更不可能让教皇的风头超过自己。因此他要从教皇手中抢来皇冠给自己戴上，绝不允许在自己的王冠上留下教皇的一点儿痕迹；或者他打心眼里认定只有自己才有资格给自己戴上王冠，那一霎那间他也许认为自己就是天主吧。神权绝不能限制自己的王权，拿破仑只是利用神权为自己的王权加持了一些力量。作为皇帝，他可以随心所欲，玩政治于手腕之中。这样的皇帝，对人民究竟是福还是祸？给国家带来好运还是厄运？一时难以说清楚。

《奥斯特里茨战役》的神话

该画的作者是弗朗索瓦·热拉尔。他是雅克-路易·大卫的得意弟子，是法国新古典主义绘画的杰出代表。这幅画再现了拿破仑在奥斯特里茨战役中的一个宏大的战争场面。画面中心位置的拿破仑头戴黑色三角军帽，身着蓝色大氅，骑在一批白色骏马上，满脸自信，风流倜傥。一个飞马而来的军士站在拿破仑面前献上缴获敌军的飞鹰战旗。战旗是军队的灵魂，缴获了战旗说明这支部队已被全部歼灭。

这次战役发生于1805年12月2日，也就是拿破仑加冕称帝一周年时，地点在奥地利的奥斯特里茨（此地今属捷克）。当年4月，英国与俄罗斯结成新的反法同盟，在第二次反法同盟战争中遭受重大损失的奥地利起初持观望态度。已经是法兰西皇帝的拿破仑还不满足，该年3月又加冕自己为意大利国王，此举激怒了奥地利。7月，

凱旋门地面上有无名战士墓，火炬日夜燃烧
摄影/段亚兵

奥地利加入反法同盟，第三次反法同盟形成。

8月，战争打响，拿破仑再次运筹帷幄，巧妙用兵，法军竟然占领了奥地利首都维也纳。俄军与奥军会合后开始反击，拿破仑摆下迷阵，故意示弱，兵不厌诈，诱敌决战。当时的兵力对比是法军弱，联军强，7.3万人的法军对阵8.6万人的俄奥联军。12月2日战斗打响，激战一天后，法军获胜。由于此战役中，拿破仑皇帝、沙皇亚历山大一世、神圣罗马帝国皇帝弗朗茨二世等三国皇帝御驾亲征，所以又称为"三皇会战"。

这场战役的结果是：第三次反法同盟瓦解；弗朗茨二世取消自己"神圣罗马帝国皇帝"称号，长达800年历史的神圣罗马帝国终结；拿破仑成为欧洲霸主。此次战役中，拿破仑指挥若定，法军以少胜多，表现出他出色的军事才能，创造了军事史上的奇迹。这一战让拿破仑达到了自己人生的巅峰。正是这场战役书写了拿破仑"战神"的神话，拿破仑如同罗马帝国时代的恺撒，成为法国人的图腾与信仰。恩格斯评价说："奥斯特里茨被公正地认为是拿破仑最伟大的胜利之一，它最为有力地证明了拿破仑是无与伦比的军事天才。"

这场战役对拿破仑太重要了。因此不光是战争场面画入油画，而且为此修建了凯旋门和凯旋柱。位于星形广场上的凯旋门，纪念的是拿破仑在奥斯特里茨战役中取得的胜利，是巴黎的标志性建筑。凯旋门1806年始建，拿破仑亲自为其奠基第一块基石；1836年落成，此时拿破仑已经去世15年，没有见到为他而建的此门。凯旋门极其雄伟，近50米高，44米宽，22米厚。墙上刻有4组巨型浮雕，其中名为《出征》的浮雕最著名，画面上拿破仑凯旋归来，胜利女神为他佩戴桂冠。大门内侧刻有跟随拿破仑出征的386名将军的名字。大门地面上有无名战士墓，"长明火炬"日夜燃烧。

凯旋柱竖立在旺多姆广场，因此又名旺多姆圆柱。圆柱模仿罗马图拉真纪功柱的式样风格，用法军在奥斯特里茨战役中缴获的125门大炮熔化为原料铸造而成。柱高44米，直径3.6米，顶端有拿破仑站立的铜像，柱身自上而下环绕着22道青铜浮雕，总长280米，描绘记录着拿破仑奥斯特里茨战役等许多军功事迹。

统一欧洲功亏一篑

拿破仑是胸有大志的政治家，头脑中有统一欧洲的梦想，选择以军事手段追求统一。

拿破仑确实很能打仗，是欧洲历史上少见的军事家之一，由于战功赫赫，他被西方军事史学公认为四大军事家之一，其他三人是马其顿的亚历山大、北非的汉尼拔和罗马的恺撒。

我们在前面讲路易十四的故事时曾经提到过拿破仑对太阳王的

评价，他说："路易十四是个伟大的国王，是他造就了法国成为国际中第一流的地位，法国自查理曼大帝以来，又有谁能在各个方面与他相比呢？"他将路易十四与查理曼大帝相比较，后者曾经统一了欧洲。

一段时间里，拿破仑率领大军南征北战，所向披靡，统一欧洲的梦想好像快要实现。1806年奥斯特里茨战役后，拿破仑已经建立一个包括法国本土、意大利半岛、德意志南部地区，势力波及西班牙的庞大帝国，其疆域之大与当年查理曼的神圣罗马帝国差不多。但是，法国为此树立的敌人太多了。虽然拿破仑分别将他们打得落花流水，但是敌人联手组成了强大的敌对军事同盟。俗话说，好汉难敌四手，猛虎斗不过群狼，拿破仑曾经两次被反法同盟的联军打败放逐到了小岛上。

1812年6月，拿破仑进军俄国，9月，兵临莫斯科。俄军避其锋芒，弃城而走，实行焦土政策。拿破仑占领了一座空城却无计可施，打也好，谈也罢，却找不到对手的影子。由于那一年严冬早至，法军全军覆灭——仅剩下1万名还能够作战的士兵。侵俄战争的失败，促使第六次反法联盟的形成。1813年，战争终于打到了法国本土上，1814年3月31日，联军攻陷巴黎，6月6日，拿破仑一世退位，被放逐到地中海的厄尔巴岛，但仍然保留了他皇帝的称号。这是第一次放逐。

第二年3月1日，拿破仑一世带领一队卫士冒险渡海，在戛纳登陆，法国军队不但没有阻挡，捉拿他，反而再次追随，拥护他，让拿破仑20日抵达巴黎，再次登上王位。这次拿破仑统治法国近100天，史称"百日王朝"（1815年3月20—6月22日）。拿破仑归来让敌营恐慌万状，英俄普奥组成第七次反法联盟，召集上百万军队围攻法国。1815年6月18日，在滑铁卢一战中拿破仑军队彻底战败，拿破仑一世于6月22日再次退位，被再次放逐囚禁在大西洋中的圣赫勒拿岛。1821年5月5日，拿破仑在该岛病逝，享年52岁。

清点拿破仑一生用兵，从土伦战役的一鸣惊人，到滑铁卢战役的全军覆没，23年里他亲自指挥大战役近60次，50多次取得胜利，小战役数不胜数，一辈子戎马倥偬，谱写传奇。然而拿破仑打算用兵统一欧洲的梦想终于云消雾散，历史只留下一声叹息。

管理人类社会，究竟是统一好还是分散好？欧洲在这个问题上于几千年时间里几次选择，几度尝试。第一次是马其顿的亚历山大。他善于用兵，带着新发明的马其顿长矛军队，横扫千军如卷席。但亚历山大英年早逝，中断了统一事业。虽然亚历山大的帝国在他身后分崩离析，但希腊的先进文化随着军队征战传播到了世界各地，西方进入"希腊化"时期。

第二次是亚平宁平原上的罗马。罗马帝国算是欧洲大陆的首次真正统一。罗马继承和发扬了希腊先进文化，创造了辉煌历史，其文化文明遗产至今在世界许多国家里存在，并显示出活力。

第三次查理曼大帝。在他的努力下，欧洲再次实现统一。但帝国的辉煌事业中断于王位继承制度，在查理曼帝国的废墟上长出了近代欧洲主要国家的新花朵，欧洲走上了分散管理、各自发展的道路。

第四次是拿破仑。他的统一事业，成也战争，败也战争；起也迅速，垮也瞬间。朝兴夕衰，一声叹息。

第五次是希特勒。这是一次野蛮的扩张、残忍的屠杀、政治的怪胎、病态的统治，只造成了浩劫，带来了毁灭，文化文明建设上颗粒无收。

在靠军事手段统一欧洲难以成功的情况下，欧洲开始试着用经济、政治的办法推进统一事业，建立了欧盟。一段时间里大见成效，欧洲兴旺繁荣，但是好景不长，英国脱离了欧盟。法德英是欧洲的三巨头，如今三脚架少了一腿，不知欧洲还能否站得稳？欧洲究竟如何发展，让历史来回答吧。

1840年12月，拿破仑一世遗骨运回巴黎，灵车从为他修建的凯旋门下缓缓通过，算是告慰他的灵魂。1861年4月，拿破仑一世的棺木被安放在塞纳河畔的巴黎荣军院。

拿破仑的遗产

细想一下，拿破仑对欧洲、对世界文明的贡献可能有两条：一是传播推广法国大革命中形成的自由平等观念，二是制订民法典。

传播自由平等新观念

拿破仑一世统治的法国，没完没了地与欧洲各国打仗，遭到大家群殴，除了有关领土、财物等因素外，还有一个重要原因：法国大革命的影响。拿破仑的新式统治，对欧洲各国的王权统治形成了威胁，如果让拿破仑统一了欧洲，各国的国王只能丢弃王冠当跟班的了。因此，反对法国最起劲的是奥地利的神圣罗马帝国、沙皇俄国等几个王权最显赫的国家。拿破仑以一人一国的力量跟他们较量，打仗胜得多，败得少。最高光的时候，拿破仑成为意大利的国王、莱茵联邦的保护者、瑞士联邦的仲裁者、法兰西帝国众多殖民地的宗主等；他的3个兄弟，分别被封为意大利那不勒斯、荷兰和德意志威斯特伐利亚的国王。那个年代里欧洲几乎所有国家（英国除外）都在某个时段里与拿破仑结盟当跟班，或干脆臣服于他。

连连打胜仗，扩大了地盘，增加了民众，自然将启蒙运动自由平等的观念和法国大革命的革命思想传播到了欧洲各国。因此，后来欧洲的现代化发展步伐加快，先进思想传播远，文明建设成果多，拿破仑功不可没。

制定《拿破仑法典》

在拿破仑最后的岁月里，回忆往事时他说了这样一句话："我真正的光荣并非打了40次胜仗，滑铁卢一战抹去了关于这些胜利的记忆。但是有一样东西是不会被人忘却的，它将永垂不朽——那就是我的民法典。"

做为新皇帝，拿破仑与欧洲各国旧式国王最大的不同之处在于：旧国王们主要实行人治，而拿破仑实行法治，其标志就是《拿破仑法典》的制定与实施。

对制定民法典拿破仑倾注了极大热情，花费了足够精力，提供了许多智慧。据说讨论法典的120多次会议中，他亲自主持了30多次。他与专家们详细讨论各章节内容，甚至连语言风格都提出具体要求。有人评价说："法典文笔稳健适度，条理清晰，简洁明了，令人夸口称赞。"1804年法典正式颁布。据说在19世纪，一般法国家庭都有两本书，一本是《圣经》，一本是《拿破仑法典》，可见这本书的普及和受欢迎程度。

《拿破仑法典》共2281条。内容丰富具体，包括物权、债权、婚姻、继承等方方面面的内容，其中的许多条款沿用至今。这是第一部近现代社会意义上的民法概念原则文本，是根据当时的社会状况而制订、符合实际情况的民法文书。《拿破仑法典》将《人权宣言》中关于财产权、名誉权等人权概念转化为便于理解、操作性强的法律条款。按照法典，所有的公民一律平等；消灭了长子继承权、世袭贵族和阶级特权；民法制度摆脱了教会的控制；人身自由、契约自由和私有财产神圣不可侵犯成为基本原则。

学术界认为，《拿破仑法典》是"历史上第一次创立一部纯粹是理性的法律，摆脱一切过去的偏见"，对法国社会的现代化发展起到了重要作用。一方面将法国大革命中形成的进步思想观念，用法律文本固定下来流传后世；另一方面将法国大革命激发出米的、难以控制的革命激情，转化为能够控制、便于操作的法治措施。因此，《拿破仑法典》既是法国大革命的产物和标志，也是结束法国大革命的一个合适措施。

从更广的意义上说，《拿破仑法典》奠定了欧洲法治社会的框架，完善了世界法律体系。1804年后法典传到了法国控制和征服的地区，包括比、卢、德、意、荷、瑞等；19世纪许多欧洲与拉丁美洲国家自动采用了《拿破仑法典》。法典公布实施后，稳定了欧洲国家的社会秩序，为西方现代化发展奠定了法治基础。当代西方现代化研究学者布莱克认为："法国有秩序地发展的基础，是1804年的《拿破仑法典》所设置的现代制度框架。"

法国，成也拿破仑，败也拿破仑。在他的领导下，法国崛起如浪涌，溃败如山倒。斯人已逝，但对他成败教训的思考讨论一直没有停止。一位法国政要得出的结论是："这位伟大人物的一生，对于军人、统治者和政治活动家都是极有教益的，也包含着对于公民的教训。它教导他们：决不应该让他们的国家听任一个人的权力去摆布。"这段话值得深思细品。

步履蹒跚的工业化道路

法国在工业化发展中落后了

前面说到，法国在太阳王路易十四时代和军事天才拿破仑时代达到了鼎盛时期。法国成为欧洲的中心，法国的生活方式影响了全世界，拿破仑差一点统一了欧洲。但是，法国在欧洲发生工业革命的关键时刻却没有抓住机会，在工业化道路上落后了。学者用"没有工业革命的工业化"这句话形容法国，这句话的意思是法国工业化进程缓慢。寻找法国为什么落后的原因，大概有以下几条。

一是政治制度上翻烧饼。

法国是启蒙运动的故乡。法国人思想活跃，思想活跃是好事情，产生了许多新观念，为人类思想宝库的丰富作出了重大贡献，但是想法多多、不安分守己，也会带来问题，在政治制度的选择上就是变来变去，不断翻烧饼。自法国大革命爆发后的近百年时光里，法国人在君主制和共和制两种制度上跳来跳去。他们可以推翻帝制，甚至将国王送上断头台；但是他们又会迎来新皇帝，或者让旧王朝复辟。他们选择共和制，允许各种政治人物上台表演，谁的口号激进就支持谁；但是很快又厌烦了，推翻新政权，甚至把革命领袖也送上断头台。

法国人富有想像力，也不乏足够的政治热情去尝试各种政权组织形式，甚至发明出巴黎公社这样的全新政权形式，但是缺乏耐心，一言不合就争吵起来，不随心意就推倒重来。法国人想法太多，自由和民主泛滥，面对多种选择拿不定主意，陷入一种恶性循环而不能自拔。政治空转损失巨大，社会轮回原地踏步，经济停顿付出代价，人民生活困难付出无谓的牺牲。当人们把注意力全部放在了政治上，对经济发展无暇顾及，自然抓不住悄悄到来的工业革命的机遇。

二是陷入长期内斗的怪圈。

没有一个国家像法国那样长期陷入内斗之中。全体民众反对专制的王室，市民（第三等级）反对教士和贵族（第一、第二等级），革命派反对保守派；革命派阵营也不断分化，激进派反对温和派，受到威胁的温和派又联合起来干掉激进派……你斗我，我斗你，复而周始，循环往复，没完没了，令人生厌。

在近百年的时间里，法国内斗中失去的东西太多了。据不完全统计，法国大革命在雅各宾派统治时期有4万人未经审讯被杀，1848年巴黎六月起义中死者上万人，1871年巴黎公社被镇压有近10万人死亡……法兰西珍贵的人力资源就这样不断地被消耗着，以至于有人发出了"珍惜人类鲜血！"的叹息声。

法国人内斗不已的原因，首先与政治制度的翻烧饼有关，也可能与法国人浪漫易变的性格有关。雨果对法国人"自己打自己，骨肉相残"内斗混乱的局面很反感，他说了这样一句话："凡尔赛有管区，巴黎有公社，但在它们之上，高于一切，有一个法兰西。"

一个国家长期动荡不安，国家经济怎么能够发展起来？19世纪正是工业革命的黄金时期，英德美各国都在不遗余力地推动工业化，发展国民经济，而法国却时时被动荡的政局打断。反反复复的内部斗争浪费了发展工业的大好时机，以铁路为例，19世纪40年代，法国（当时为七月王朝）只铺成900多公里的铁轨，而领土比法国小得多的英国和普鲁士的铁路分别达到6300公里和3400公里。

当法国一朝醒来，茫然四顾时，才发现它一直努力想当欧洲老大的梦想破灭了，不仅与在工业革命猛然一跳的英国相比相差甚远，还得接受被美国、德国超越的现实。

拿破仑三世的急起直追

拿破仑三世是对法国工业化比较上心的一位皇帝。路易-拿破仑·波拿巴（1808—1873）是拿破仑一世的侄子和继承人。拿破仑一世的帝国崩溃后，他随母亲住在瑞士，后来读军校，也成为炮兵军官，这一点上与拿破仑一世有点近似。拿破仑一世有一个儿子但夭折了，这就让侄子波拿巴有了觊觎王位的想法。

拿破仑一世帝国的轰然垮台，使法国在强盛之路上进入了"三十年的退缩时期"（1815—1848）。法国丢失了自大革命爆发以来征服的一切地方，让法国人梦寐以求并一度得以实现的"自然疆界"不复存在，战败的法国差不多重新回到了大革命前的六边形疆界里。

法国1848年"二月革命"爆发后，路易-拿破仑·波拿巴回到了法国。法国民众对拿破仑一世的怀念与迷信，为其从政铺平了道路，他先是当选为制宪议会的议员，再当选为总统，后来他将第二共和国变为第二帝国当上了皇帝。这一点上，他完全掌握、运用了拿破仑一世由终身执政摇身一变成为皇帝的成熟经验。

总的看，拿破仑三世也是一位有抱负的皇帝，在他领导下，法国的政局经历了一段难得的相对稳定时期，法国的经济出现了前所未有的腾飞。拿破仑三世重视实业和金融，在这两方面尤其取得了突出成绩。例如在铁路建设方面，法国进入了"铁轨时代"，建成了全国铁路网。1869年，全国铁路线总长度达到了16465公里，十几

◉ 今日巴黎城市的基础，是19世纪拿破仑三世时期奠定的
摄影/段亚兵

年里铁路货运量猛增10倍，仅巴黎就建了12个火车站，成为世界最
大的交通枢纽之一。在金融方面，拿破仑三世改革旧的银行系统，
使经济金融市场逐渐统一，到1870年，全国银行超过200家。巴黎证
券交易所业务发展迅速，1861—1869年，它所受理的有价证券种类
和价值总额都增加了3倍。人们乐意投机，疯狂炒股，以至于有人把
第二帝国称为"投机的黄金时刻"。异常活跃的金融业带来了兴旺
发达的商业，"大百货公司"不断涌现，如今矗立于巴黎商业中心
的"春天""萨马利亚人""便宜""漂亮的女园丁"等著名大商
场就是在第二帝国时代开办的。

伴随着工业化的发展，城市化的步伐自然加快。拿破仑三世
说："巴黎是法国的心脏。让我们尽一切努力让这个伟大的城市美
丽。让我们修筑新的道路，让拥挤的缺少光明和空气的邻居更健
康，让仁慈的光芒穿透我们的每一堵墙。"巴黎的扩建改造计划由

塞纳省省长奥斯曼负责制订实施，史称"奥斯曼计划"。17年的时间里，巴黎成了一个大工地。巴黎城区从12个区增加到20个区，街道拓宽了，到了晚上，煤气灯照亮了街市。新楼宇如雨后蘑菇冒出来，整齐地排列在林荫大道两边，这些新建筑多由石块筑成，至今看上去典雅美观，让游人特别喜欢。在市区东西两侧分别营造了面积很大的万森林园和布洛涅林园，让城市风景美丽，空气新鲜。塞纳河上建起了十几座桥梁，使两岸街区融为一体。拿破仑三世想要打造一个崭新的、具有国际大都会气质的巴黎，今天游人们眼睛中的巴黎城市风貌主要是在那个时期奠定的。

1850—1865年，法国经济每年的平均增长率为3.5%，是以前增长速度的2倍。十几年里，煤炭产量从450万吨达到1300多万吨，增长了1.8倍；生铁产量从45万吨达到118万吨，增长了1.6倍；钢产量从28万吨达到101万吨，增长了2.6倍。此时法国的生铁与钢的产量及法国商船队的总吨位仅次于英国，居世界第二。这一时期的法国农业发展良好，被称为"农业的黄金时期"。农民在全国就业人口中所占比例从61.5%下降到49%，法国从农业国转变成为工业国。

为了扩大工业发展所需要的新原料产地和海外市场，法国走上了对外扩张的道路。在拿破仑三世执政期间，法国的殖民财产增加了一倍，法国的坚船利炮出现在亚洲、非洲和太平洋地区。1857年，法国完成了对阿尔及利亚全境的占领，开通和管理苏伊士运河法国从中获利甚丰。1863年，柬埔寨成为法国的保护国。1867年，越南大部分地区变成了法国殖民地。

就是在这一期间的1856—1860年，英、法两国发动了"第二次鸦片战争"，以进一步打开中国市场，扩大在华的侵略利益。1860年，英法联军攻入北京劫掠并焚毁了圆明园。法国作家维克多·雨果强烈谴责了此暴行，他说："有一天，两个强盗走进圆明园，一个抢劫，一个放火，可以说胜利是偷盗者的胜利，两个胜利者一起彻底毁灭了圆明园。"

第二帝国在非洲、地中海东岸地区以及大洋洲也大肆拓殖，结果使法国成为仅次于英国的世界第二大殖民帝国。

虽然法国在对外的侵略和殖民方面获利很多，但是在欧洲与几个宿敌大国的激烈角逐，让法国越来越走向孤立无援的陷阱。他先是发起了以打击俄国为主要目标的克里木战争，取得了胜利；再与意大利的撒丁王国联合攻击奥地利，却又出卖了撒丁王国，劳军伤财却无重大收获；而于1870年爆发的普法战争，更是以拿破仑三世率法军投降的丢人结果而收场。9月3日傍晚，皇后欧仁妮收到拿破仑三世发来的电报："军队已失败与被俘，我自己也成了俘虏。"这场战争直接导致了第二帝国的灭亡，从此以后君主政体在法国绝迹。色当战役失败成为拿破仑三世终生的耻辱，1873年，他临终前说的最后一句话是："我们在色当不是怕死鬼！"

戴高乐的沉浮

1870年巴黎革命中诞生的法兰西第三共和国，政治寿命长达70年。虽然法国挟路易十四、拿破仑一世等政治强人的余威，是欧洲一个举足轻重的大国；但是一连串的挫折也让法国普遍产生了一种"国力迅速下降、大国威力不再"的担心情绪。1871年，法国败于德国，德国兼并了法国的阿尔萨斯和洛林的一部分国土，一直让法国人心头作痛；再加上德国实现了国家统一，法国的东面邻居成为一个强大可畏的对手，更是加剧了法国人的焦虑。这种社会情绪激发了戴高乐等一批青年人的"忧患爱国主义"。

戴高乐（1890—1970）出生于法国北部诺尔省里尔一个教师家庭，22岁时毕业于圣西尔军校，由于毕业成绩优秀，得到了"一个未来的优秀军官"的评语。毕业后他服役于阿拉斯第33步兵团，23岁时从军参加一次世界大战，战斗中表现勇敢，曾3次负伤被俘，被德国人囚禁了2年8个月。二次大战爆发时，戴高乐任第5军坦克旅旅

长，50岁时升任第4装甲师师
长，在前线积极阻击德军，后
擢升雷诺政府陆军部副部长，
由军界进入政界。

当贝当组阁取代雷诺政
府，准备与德国媾和时，戴
高乐离开法国前往英国。6月
18日，戴高乐在伦敦英国广
播电台发表著名的"6·18号
召"，呼吁法国人民在他领导
下继续抗战。在伦敦，他领导
"自由法兰西"运动，并逐步
建立起法国部队，引起国际上
的重视。1941—1944年间，他
组织和领导法国临时政府，团
结国内外抵抗力量与盟军一
道作战，为争取反法西斯战
争的胜利做出了贡献。1944年
6月，他出任临时政府主席，

◉ 亚历山大三世桥上的雕塑　摄影/段亚兵

因为与3个政党组成的左翼政府意见分歧，于1946年1月突然辞职，
1947年，组织法兰西人民联盟自任主席。1955—1958年，戴高乐隐
居乡间，从事著述。

1958年5月，阿尔及尔爆发起义。在严重危机时刻，1958年6月
1日，68岁的戴高乐出山就任总理，接着被选为法国总统，1965年第
二次当选总统。

戴高乐当政期间，做了几件大事。一是结束了阿尔及利亚战
争，承认其独立，并顺势完成了整个法兰西帝国的非殖民化。

二是对外奉行独立自主的外交政策，反对大国控制，成为世界格局的重要制衡力量。法国与联邦德国（西德）签订《法德友好合作条约》，与长期的宿敌实现和解，共同承担起建设欧洲的责任，并积极推动西欧联合，利用欧洲经济共同体为本国谋利。1966年，法国退出北大西洋公约组织（但仍保留为北大西洋联盟的成员）。

三是中法两国建立外交关系。1964年1月27日，法国正式承认中华人民共和国，两国建立外交关系。此举打破东西方的壁垒与隔阂，将西方封锁中国的铁网撕开了一道口子。

四是对内大力发展本国的尖端技术和新兴工业，实现工农业现代化。戴高乐于政治上特别强调独立，在经济发展上也是一样。他要求搞一套独立的工业体系，比如在航空工业、核工业、机械制造业等领域，法国都建成了独立的体系（现在的说法是"完整的产业链"）。经济统计数据显示，1945—1974年的30年里，法国取得了比历史上任何一个时期都优秀的经济成就。1950—1958年，法国工业产量增长了80%。农业大发展，拖拉机的数量1946—1958年间增长了10倍，人民生活水平迅速提高。

1969年4月，由于在两项关于社会改革提案的公民投票中受挫，戴高乐宣布辞职，后专心撰写回忆录。1970年11月9日，他在科龙贝双教堂村病逝，享年80岁。

盖棺定论，也许可以这样评价戴高乐：他见证了法国从世界帝国跌落成为地区强国的过程；但在这个过程中他是法国利益最好的保卫者，让法国免遭更大的冲击。一些法国学者认为，在当时和后来，没有任何一个法国人能够比他做得更好了。戴高乐尽自己所能，做到了能为法国所做的一切，挽救了国家危亡，恢复了法国的国际地位。戴高乐是一个伟大的爱国者、政治家，他实现了自己心目中的伟大和光荣。2005年，法国国家电视台二台举行了一次"法国十大伟人榜"的评选，电视观众评选戴高乐为法国历史上最伟大的人。法国人民一直尊称他为"戴高乐将军"。为了纪念他对法国所做的贡献，巴黎市议会决定把凯旋门所在的星形广场改名夏尔·戴高乐广场。

这一章节写了法国的主要历史片段，是法国历史发展过程中的几个高峰。

高卢是"法国前"的早期文明史。欧洲大陆上两种文明首次交锋，最终罗马文明胜出。古罗马文明塑造了法国文明发展的早期形态，规定好了法国文明发展的路径。

"法国"概念出现于卡佩王朝时期。民族意识开始觉醒，民族文化开始融合统一。

路易十四是法国文化的突出高峰。从文化发展的角度说，太阳王时代里路易十四真的有点像太阳一样照亮了欧洲大陆。法国文化辐射欧洲，法国文明有了世界影响。路易十四建设了一个新巴黎，创造了一种"法国式"的奢华生活方式。

法国大革命的狂飙荡涤了法国的旧社会。大革命后的法国告别了王权制，成为新式的共和制国家。法国大革命的自由、平等、博爱观念传遍了全世界。

拿破仑是法国统一欧洲的一次尝试，虽然功亏一篑但也不是没有遗产留下来。拿破仑将法国自由平等的思想传播普及到全欧洲，民法典成为世界文明宝库中的精品。

如果从现代化发展的角度讲，戴高乐做出了巨大贡献，让法国终于追上了工业革命的步伐，展现出现代化的新面貌。

第三章

南部法国的浪漫

层的楼房为多，街道整齐有序。导游说，由于战火摧毁、时光消磨，留存至今的古老建筑很少，眼前的这些房子大部分是二战后重建的……市场里人群熙熙攘攘十分热闹，商店橱窗里的商品琳琅满目，餐厅坐满了食客享受美食红酒，敞开的咖啡厅里人们随意而坐，品尝咖啡，消磨时光。街头上有一些艺人在表演人物秀，只见他们穿着奇装异服，脸上涂抹着厚厚的油彩，打扮成各种人物形象，一动不动，像是雕塑。这些都是欧洲城市的典型景观。

我们顺着湖边一直往前走，爬上高坡来到一座古堡前。这是著名的圣约翰城堡军事要塞，修建于1660年（路易十四主政时期），一段时间里成为监狱，现在辟为地中海文明博物馆。隔海对岸也有一座古堡，名叫圣尼古拉斯堡。两座古堡如两把大锁，锁住了出海口的蓝色水道，为城市提供安全保障。

我们走进古堡，只见圆柱形的塔楼高耸，城墙又宽又厚，是个易守难攻的堡垒。古堡里安装有很多大炮，奇怪的是炮口不是冲向外海，而是对准城内，看来设城堡并不为抵御外敌，而是防范居民造反。这里是马赛城的制高点，绕着古堡四周瞭望，全城景色尽收眼底，真是一个好观景台。

向外海望去，是新港的水域。港口顺着海岸线布局建设，占了一片很大的水域，至少比旧港大十几倍。马赛港是良港，水深而港阔，无激流险滩，万吨货轮畅通无阻，由马赛、拉韦拉、福斯和罗纳圣路易四大港区组成，是法国的第一大港口，在欧洲港口中排名第五，年货运量上亿吨。

向内看就是旧港，在这个角度才能看到旧港的全貌。马赛城好比是一个人俊俏的面孔，旧港是脸上的眼睛。人们说，眼睛是心灵的窗口，从眼睛里能够观察一个人的精神世界。港湾里清澈的湖水像儿童纯净的目光，水流起伏波光粼粼又像女子多情的目光，港湾里停满了各种游船，又高又密的桅杆像是眼睛的睫毛，让眼睛更显得迷人。

⊙ 马赛山头上的贾尔德圣母大教堂　摄影/段亚兵

看完城堡，继续登高，就来到了贾尔德圣母大教堂。教堂极其雄伟，罗马式的穹顶又高又圆，曲线优美；建筑主体是一座方柱形的塔楼，塔楼的顶端有一个金色的玛利亚圣母像。教堂本身修建在150米高的山头上，加上高大的建筑，让教堂成为马赛城的标志性建筑。我们在市区行走时，无论从哪个角落都能看到闪闪发光的圣母像。在山下时，还感觉不到圣像有多高大，现在从教堂脚下仰头望去，塑像原来是如此地高大，导游说有9.7米高。建教堂选用的岩石很好，建筑显得华丽而高贵。石头墙上能够看见有累累弹痕，这是二次大战中德军进攻马赛时留下的罪恶证据。

游完景观后，我们来到著名的美食街吃海鲜餐。两大盆青口上桌，新鲜美味让我们停不下嘴，再喝上几杯金黄色的啤酒，吃得真过瘾。上一次这样吃青口是在比利时的布鲁塞尔，市中心大广场里有一家百年海鲜老店，也是这样成盆成桶地吃青口。吃完青口再喝几碗用各种杂鱼熬成的"马赛鱼汤"，味道鲜美极了。马赛的这顿海鲜餐令我终身难忘。

从法国北方来到南部，感觉南北相差比较大。北方是政治文化中心，而南方更浪漫舒适，到南方度假是法国人至少一年一次必须安排的项目。法国南部是濒临地中海的"蔚蓝海岸"，是世界最著名的度假胜地之一。这条蔚蓝海岸，从法国境内西起马赛，顺海岸线东行，经过戛纳、尼斯，过了摩纳哥，直到意大利。蔚蓝海岸是一个海天一色的美丽观光地带，这里天蓝海碧，地绿花红，阳光灿烂，清风和煦，峡湾景观奇特，海岸岩石嶙峋，白色沙滩延绵，是天气温暖宜人的少有世界。下面的几天里，我们将沿着蔚蓝海岸行走观光。

文明肇始

马赛是法国古老的文明发祥地，有悠久的历史。这块土地最早的人类活动遗迹已有3万多年的岁月，文明社会起步也有3000年的历史。最早是希腊人在这里开拓的，公元前600年一个名叫普罗提斯的希腊人在这里建立起第一个贸易港。希腊人文明先进，向外开拓，当年在地中海沿岸建立了一些殖民地，马赛是其中的一个。

在早期发展的重要关头，马赛人曾经做过两次战略选择，一次对了，一次错了。公元前264—前146年，地中海南北岸的古迦太基与古罗马两个奴隶制国家，为争夺地中海沿岸霸权兵戎相见，打了3次大战，史称布匿战争。3场战争的结果都是迦太基军兵败，最后迦太基惨遭屠城，地盘变成了罗马的阿非利加行省。在这场两霸相争中，马赛人选择站在罗马人一边。这个宝押对了，马赛不但分得了一些战争红利，而且被纳入罗马大市场的经济圈，与罗马的通商给马赛带来了经济繁荣。

到了公元前60年，古罗马政坛由庞贝、克拉苏和恺撒秘密结盟，共同控制罗马政局，史称"前三头政治"。后来因恺撒在高卢战争中战果辉煌而势力日见膨胀，庞贝与元老院勾结对抗恺撒而爆发内战。在法萨卢一战中庞贝全军覆没。这一次马赛人站队站错了，选择了失败者一方。马赛为此受到了惩罚，失去了独立地位，城市衰落到几至绝迹。这就叫跟着胜者占便宜，跟着败者倒大霉。

罗马帝国灭亡后，马赛落入了西哥特人之手，公元8世纪法兰克王国崛起，马赛又换了主人。根据查理曼大帝的三个孙子签订的《凡尔登条约》，幼子秃头查理得到了普罗旺斯伯国，马赛归属普罗旺斯。10世纪马赛又逐渐兴旺起来。13世纪，通过婚姻普罗旺斯成为法兰西安茹王朝的一部分，马赛则于15世纪并入法国王室领地。

1789年法国大革命爆发时，马赛全城沸腾响应革命。1792年斯特拉斯堡有一位名叫鲁热·利尔的青年军官，创作了一首《莱茵军战歌》，歌曲立即传到了马赛。马赛派遣500名志愿军前往巴黎支援革命军，志愿军唱着这首歌进入巴黎城，歌声极大地鼓舞了巴黎市民，迅速传遍全法国。

歌词第一段、第六段唱道：

> 前进法兰西祖国的男儿，光荣的时刻已来临！
> 专制暴政压迫着我们，祖国大地痛苦地呻吟。
> …………
> 神圣的祖国号召我们，向敌人雪恨复仇！
> 我们渴望珍贵的自由，决心要为它而战斗！
> 公民！武装起来！公民！决一死战！
> 前进！前进！万众一心！把敌人消灭净！

歌声凝聚着启蒙精神的心声，法国大革命的呐喊，狂飙呼啸，被全世界的革命者传唱。这首歌不久改名为《马赛曲》，后来被定为法国国歌。

伊夫岛

我第二次到马赛时时间较充足，就去了一趟伊夫岛，了了一桩心愿。

伊夫岛距离马赛约2海里，乘船一个多小时到达。登岛转转，

⊙ 伊夫岛 摄影/段亚兵

看到岛不算大，约300米长，180米宽。岛上有一座中世纪风格的城堡。城堡高楼厚墙，墙角有3座圆筒状的塔楼，墙上没开普通的窗户，却有方形的射击孔。围绕着城堡的是一段一段的城墙，墙体上也布满了箭垛炮口。在岛的一头有一个独立的圆塔，塔顶上有个小亭子，看来是指引轮船航行的灯塔。城堡不是普通的楼房，而是用来御敌的碉堡工事，显得异常坚固。

城堡建于1524年，当时的法王是弗朗索瓦一世。他为加强马赛的防御工事而决定动工，浩大的工程进行了7年，但完工后又感觉没啥用就改成了国家监狱。该监狱管理严密，曾关押过许多重要囚犯，有政治造反者、宗教反叛者，甚至还有王室成员、贵族公子哥儿。

我之所以想登上岛来看一看，实在是因为上中学时，阅读大仲马的《基督山伯爵》一书留下的记忆太深刻了。孤悬波涛中的海岛、阴森可怖的监狱、遭人陷害的年轻水手邓蒂斯、睿智善良的神甫法利亚、神秘浪漫的法国、拿破仑一世"百日王朝"的风暴……小说情节生动紧张，传奇色彩浓厚，艺术魅力无穷，报恩复仇的思

117

想，扬善惩恶的痛快……让人没有办法放下书本，白天连着黑夜阅读，只想搞清楚基督山伯爵到底是怎样复仇的。

我完全被大仲马征服了，没有想到他写小说如此好看，后来忍不住又找来他的《三个火枪手》等其它小说，都是一口气读完。有资料介绍说，大仲马是同时写作《三个火枪手》和《基督山伯爵》两本书的。他的想象"迷倒了整个巴黎"，随着小说每日一集连载，全城的人都在讨论小说的情节和人物故事。大仲马是我了解法国文学的启蒙老师。

记得30年前我第一次到马赛时什么都不了解，自然也不会想到伊夫岛。我们在海岸边的鱼市市场上闲逛时，导游手指海水里的一个小岛说："你们看，前面那个岛叫伊夫岛，是基督山恩仇记故事发生的地方……"导游的话让我像中了雷击一样呆住了，少年时读书的回忆一下子浮现在眼前。当时由于团队行程早已确定，不可能登岛了，所以，30年后再来马赛时，我就特意将登岛列为正式的参观项目。

登岛来到故事发生的地点，回想着小说中的情节，对照事件发生的场景，是一件非常有意思的事情。可能像我这样的游客人数不少，让当地旅游部门有兴趣对岛上的设施做一些改建，为游客刻意挖一条通道、修建了专门的路线。进入城堡内，感觉光线昏暗，没有大窗户，光线差是很自然的，不过也可能是管理部门故意想制造一种阴森神秘的气氛吧。墙上有铁门和铁栅栏的小窗子，里面就是囚禁犯人的牢房。导游指着一个房间对我们说："看，这就是当年关押邓蒂斯的牢房……"我听了心里直乐，邓蒂斯是一个虚构的人物，怎么可能住在这里呢？但看看团友都是一脸严肃，好像真的到了当年的此地，见到了此人。这让我大为感慨！人真的是富有想象力的动物，有时候对虚构的人和事，反而比对真人真事更愿意相信，特别是好文章、好小说里讲的人和事，这大概就是文学作品里塑造"典型环境中的典型人物"创作技巧的魔力吧。

我想起来，有一次到云南的迪庆，去探望深圳市委宣传部组织拍摄《冰峰》电视片的摄制组，了解到迪庆首府已改名为香格里拉。香格里拉是英国作家詹姆斯·希尔顿在《消失的地平线》里虚构的一个神圣的秘境。虽然在藏族文化中有对这处秘境的描写，但名字叫香巴拉。迪庆的乡间景色确实很美，然而将地名改为香格里拉只是说明旅游的浪潮已经冲击到了这里。

还有一次深圳开展"特区与老区、山区心连心"活动，我参加一个工作团去湖南，路过桃源县参观时，接待的一位女讲解员指着眼前的绿树成荫、阡陌纵横、牛耕人忙的乡村美景对我们说："这里就是陶渊明描写的桃花源……"小妹的话差点让我当场笑起来。不说陶渊明的故事是他老人家编出来的，就算真有这么回事，那也要像当年武陵的渔民一样，缘溪而上，穿过一片桃花林，找到山脚的一个小洞口，才能进入桃花源啊。

但是小妹讲得认真，大家也都点头称是。编造的人物变成了活人，想象的场景变成了真实的场地，虚构的故事变成了真实的历史，文学中的人与事变成了真人真事，或者是人们愿意相信的人与事。假作真时真亦假，人梦蝴蝶还是蝴蝶梦人分不清，文学家笔头子的力量真是不可思议。

看着眼前的情景，我对大仲马的崇敬再次油然而生。大仲马的真名叫亚历山大·仲马（1802—1870），法国浪漫主义作家，创作的小说、剧作等多达300多种，作品征服了世界的读者，被誉为"通俗小说之王"。《基督山伯爵》被公认为通俗小说的典范。大仲马信守共和政见，反对君主专政，积极参加革命活动，在去世132年后的2002年，遗骸移入了法国先贤祠。当时的法国总统希拉克主持了大仲马遗体的迁墓仪式，总统说："与你同在，我们是达达尼昂和基督山伯爵！"

一小时后我们乘船离岛回到市区，过了瘾了，不虚此行。

尼斯海景美

尼斯掠影

尼斯是最有实力与马赛相比的城市。论历史，两个城市都是最法国最古老的城市，甚至尼斯的文明史可能更长一些；论景观，尼斯比马赛一点都不差，可以游玩的地方更多。马赛虽然是法国最大的港口，城市规模也大过尼斯，但尼斯是蔚蓝海岸的重要城市，有其独特的地位。几天时间里尼斯的主要景点都走到了，容我慢慢道来。

天使湾

尼斯之美主要在海滩。海湾缓长，山岩凸起，金色的沙滩、绿色的森林、深蓝的海水与湛蓝的天空，伸向远处连成一片，海天一色，令人心旷神怡。弯弯的海岸优雅地伸开，在海上画出了一道完美的大圆弧线，尖尖的两端拥抱大海，很像大鸟伸出的一对翅膀，当地人说是像是天使的翅膀，海湾因此得名天使湾。拥有如此美丽海湾的尼斯不枉"蔚蓝海岸上的一颗明珠"的美名。

我们站在海湾东边城堡山头的瞭望台俯视海湾，海湾的全景尽收眼底。导游说，这里是观看天使湾景色最好的观景台。海滩上满

◉ 尼斯有许多这样美丽的海湾　摄影/段亚兵

是人，有人游泳戏水，有人晒阳光浴，海面上还有冲浪者矫健的身影。导游告诉我们，法国北方人，还有欧洲许多国家的人都会来这里旅游度假，整天呆在沙滩上享受阳光浴，因此天使湾总是人如潮涌，充满了欢乐。

我们下了山，在天使湾的沙滩上游玩一番。海水晶蓝透亮，阳光洒在海面上一片金黄，景色漂亮迷人。但沙滩的沙质不算太好，比不上深圳大小梅沙沙滩的沙质色白而细腻。好在经过长年海水的冲刷，小石子变成了鹅卵石，粗砂磨去了棱角，走在上面感觉舒服。

英国人林荫大道

离开海滨浴场，我们西行进入市区来到了一条漂亮宽敞的步行街。街名Anglais是法语，意思就是"英国人"，因此，导游管这条街叫"英国人林荫大道"。这是一条闻名欧洲的景观大道。

此街名是怎么来的呢？导游说："19世纪时许多英国移民迁来这里，由于英伦岛上冬天阴冷不舒服，英国人追逐阳光就来到了温暖的蔚蓝海岸。英国人性格古板，总是摆出一副绅士派头，不愿意像当地人一样脱得光光的在海滩上嬉戏晒太阳，而是喜欢穿戴整齐在海滩上散步。为此，英国侨民募款修建了这条海滨散步路，最初只是一条2米宽的小路，后经过一次次扩建，如今变成了长达5公里的林荫大道……"

大道一边面向大海，清风拂面，棕榈摇曳，树木葱茏，四季花开，香飘四处，散步于此分外舒畅；另一边建有许多豪华酒店、奢侈品名店、文化设施等，吸引了全世界的富人来这里度假和购物。到了节假日，林荫大道上会举办嘉年华狂欢，彩灯挂满街，到处是花车游行、化装舞会、街头表演等热闹好玩的活动，以此吸引游人。尼斯的狂欢活动有时候也潜藏着一些安全隐患。我们从尼斯回来一段时候后，从电视上看到当地发生恐怖袭击活动，有一个暴徒开着车冲向人群，造成很多伤亡。这一事件就是发生在这一条街上。

马塞纳广场

看完海滩，我们北行进入市区来到了市中心的马赛纳广场。广场十分开阔，四周有各式各样的建筑，与巴黎的一些广场模样有几分相似，加上海边的栋栋豪华别墅，使尼斯被称为"世界富豪聚集的中心"。

广场的一些雕塑给人留下深刻印象。南面有一个巨大的喷泉，喷泉中间是7米高的太阳神阿波罗的裸身雕塑，用汉白玉一类的白色岩石雕成，头戴袖珍小马组成的桂冠，一只手拽着长长的斗篷，裸露的身体肌肉暴凸，显得高大威猛，骑在马背上驰骋。围绕阿波罗的是几匹绿色的骏马和健牛，或奔腾，或跳跃，或嘶鸣，或前冲，姿势神态各异。整个雕塑群表现出力量之美。阿波罗是太阳神，这一组雕像代表的是太阳和地球、火星、金星、水星、土星等几大行

⊙ 马塞纳广场上的太阳神雕像　摄影/段亚兵

星，是希腊神话和希腊天文学的结合表达，显示出欧洲文化的精妙之处。

　　广场上还立有几米高的7根柱子，每根柱子顶上都有一个坐着的人物雕像。导游介绍说这组雕像的名字叫《对话尼斯》，是一位名叫霍姆·普伦萨的西班牙艺术家创作的，寓意是地球上的七大洲人民之间应该多交流。看到这些雕塑，我联想到印度那些住在树头上修炼高僧，不知创作此雕像的艺术家是否受了印度教的启发。此时我们看到的雕塑是白色的，导游说到了夜晚，七个雕像会发光，变幻七彩颜色。广场的一处还立有一座米开朗琪罗创作的《大卫》雕塑像，与我在意大利佛罗伦萨的广场上看到过的大卫像十分相似。仅从这几个雕塑，就能感觉到古希腊古罗马的艺术对尼斯的巨大影响。

　　广场上一辆有轨电车缓缓驶过，车里坐满了行人；广场东面有一块巨大的长方形绿地，一些老人坐在草地边的椅子上休息；草坪里有儿童公园，小孩们坐在秋千椅子上晃悠；地面上有许多间歇性的喷泉，大人带着孩子兴高采烈地在喷泉的水柱里玩耍。看得出来

◉ 尼斯街头也有大卫雕像　摄影/段亚兵

◉ 尼斯老城里的建筑　摄影/段亚兵

尼斯是一个非常注重环保的城市，市民群众们幸福地生活在这座城市里。

尼斯老城

顺着马塞纳广场往东走，不一会儿我们来到了老市区。如果说新市区新潮，时髦，高档，宽敞，是富人们生活、购物的销金窟、温柔乡；那么老市区狭窄，拥挤，落后，土里土气，是普通居民们居住过日子的安身处、居家园。虽然在档次方面没有办法与前者相比，但是要比历史经历，后者的资格老多了。城市就像一棵大树，新市区好比枝头绽放的花朵，旧

◉ 尼斯沙滩上市民们暴晒太阳　摄影/段亚兵

市区则是埋在土壤里的老根。从游客观光的角度说，旧城区曲里拐弯的小巷，比宽广笔直的大道更有意思。

　　旧城区里有许多古老的房屋，大多是17世纪的建筑。圣雷帕拉特大教堂（建于1650年）、尼斯歌剧院（建于1855年）、拉斯卡利斯宫、加里巴迪广场、萨雷雅的广场集市等，建筑式样是意大利的，风格是巴洛克的，五颜六色，充满了异国风情。建筑老式而韵味十足，像陈年醇厚的白兰地，模样古旧而风格常新，正是欧洲文化的特色。

　　在旧城区，我们登高爬上城堡山去看古迹，面对一根石柱、一面土墙的废墟，才能够明白战火的无情和风雨的凄厉，发思古之幽情，问人类之命运；溜达在街头叠红架翠、百花争艳的花市里，闻着阵阵飘来的花香，选购一些娇艳欲滴的束花；穿行于大大小小的店铺里挑选当地的特色工艺品，享受购物的乐趣；忍不住进入发出浓浓香味的咖啡店里，品尝一杯当地风味的苦咖啡，感受一下当地人慵懒的生活方式；坐在路边大排档海鲜店里，享受一顿鲜美的海鲜餐……只有在这样接地气的场地里，才能享受到当地居民生活的乐趣；只有在这样的异国风情环境里，才能了解体会当地人是如何享受生活的。

城堡山上怀古溯源

我们登山爬高来到城堡山，不光是为了在这里居高临下俯视天使湾的美景，也是来看古迹，了解尼斯的历史。

据导游讲，城堡山是尼斯城市文明最早发端的地方。当年希腊人在这里建立了城堡，留下了城堡山的名字，但是古希腊的城堡后来被拆除了，已经见不到当年希腊罗马的城堡遗址，只能看到一些石头路、石头墙等残垣断壁。吸引游人的景点有古色古香的人工瀑布（不知建于什么年代）、大教堂遗迹（建于11世纪）、奇特的马赛克地面等。

几千年以前，希腊人为经商来到了尼斯，最早落脚的地方就是城堡山，后来慢慢向山下发展就有了旧市区。导游说，尼斯是蔚蓝海岸希腊人建的最早城市。我记得在马赛的导游也是这么说，我就问他："马赛与尼斯，哪个历史更早？"他回答说："当然是尼斯……"我笑了一笑。都是华人导游，没想到竟然也对自己居住的城市有强烈的荣誉感。

据记载，尼斯城大约建造于公元前350年，统治马赛的希腊人为方便贸易，将此地辟为一个贸易转运站。天使湾的东面就是一个深水良港。由于地理位置优越，尼斯很快成为蔚蓝海岸最繁忙的商贸驿站之一，希腊人为此地起名为尼凯亚。3个世纪后，罗马人看中了这块地方的战略要地潜力，建立了名叫塞米尼兰的军事要塞，成为守护意大利西面的一个屏障。7世纪，尼斯加入意大利利古里亚沿海城市建立的热那亚联盟。论地理的远近距离，尼斯应该受古希腊古罗马文明的影响更久远，更深厚。

自7世纪以来阿拉伯帝国在阿拉伯半岛上兴起，伊斯兰文明与基督教文明开始在地中海上碰撞和冲突。尼斯的富饶吸引了活跃在地中海里的海盗，阿拉伯人的萨拉森海盗不断攻击抢劫尼斯。尼斯虽然多次击退了海盗的进犯，但还是在9世纪两度被海盗攻破，城市被焚烧，居民遭洗劫。10世纪以来尼斯逐渐强大起来，成为蔚蓝海岸周边地区的小霸主。

13—14世纪里，尼斯成为法国和神圣罗马帝国争抢的对象，夹在两个强国之间日子不好过。尼斯先后属于普罗旺斯公爵和萨伏依公爵的领地。16—17世纪的一段时间里，尼斯落入法国之手，成为吉斯公爵的领地。之后200多年里尼斯不停地在法国和意大利两国中更换主人，直到19世纪中期，撒丁王国与法国缔结反奥军事同盟反对奥地利帝国，为此将萨伏依（萨瓦）和尼斯割让给了法国。后来虽然拿破仑三世撕毁协议出卖了撒丁王国，但吃进嘴里的肥肉能再吐出来吗？尼斯就这样一直归属法国了。如今的尼斯是法国普罗旺斯–阿尔卑斯–蓝色海岸大区的滨海阿尔卑斯省省会，是该省最大的城市。

阳光沙滩上的奇思怪想

20多年前我第一次到尼斯，对海滩上见闻的感受至今记得很清楚。

那一天我们来到天使湾沙滩，看到了从没见过的西洋景。只见沙滩上晒太阳的人非常多，乌泱泱一片，男女老少都有，有些是朋友在一起，有些看起来就是全家都来玩。人们都穿着泳装，一些人还戴着墨镜，在海滩上晒太阳，姿势或躺或睡或趴或坐，十分悠闲舒服。比较扎眼的是女人，有的穿着三点式泳装，有的连乳罩都脱掉，干脆上半身全裸。欧洲人的白皮肤不经晒，晒成红一块，棕一块，脊背整个黑黢黢的，甚至身上脸上晒出了黑斑、蝴蝶斑也不大在乎。这样的肤色不是短时间能晒出来的。

平生第一次看到这种景象，我心中大惊。这种风景与国内完全不同，难免令人大惊小怪，而且由于当时资讯不发达，想象不到欧洲有这样的景观，我一点儿心理准备都没有。

更糟糕的是我们的装束与海滩上游玩人的反差太大了。大家穿着长袖衬衣、长筒裤子、黑皮鞋，身体包得严严实实，而且是十多个人的一个大团队，整齐地站在游泳者身旁看他们怎样晒太阳，连我们自己都感到太突兀，太怪异了。

回到车上，大家热烈地讨论起沙滩上的见闻，其中说到的一个问题是：为什么白种女人喜欢晒太阳，不惧晒黑，而中国女人特别怕晒黑皮肤？导游发表看法说："欧洲人确实很喜欢晒太阳。事实上，欧洲人之所以喜欢法国的蔚蓝海岸，就是来晒太阳的。他们喜欢晒成像小麦那样的颜色，认为代表着健康和快乐。晒太阳对健康确实有好处，有利于身体吸收钙元素，让人的骨骼强健。欧洲人就是年龄大了，身体状况一般还是比较好，身子骨硬朗，行动没问题。相比之下中国的老年人身体比较差，卧床的老年人比较多，缺钙可能是原因之一……"

后来好多年里，我一直在考虑这个问题：为什么白人喜欢肤色是小麦色，反而黄种人却无限制地追求肤色白嫩呢？这或许是由于不同的审美观造成的结果。中国民间有一句俗话"一白遮百丑"，说的就是以白为美。中国人形成"白为美"的观念历史悠久。诗经的《卫风·硕人》中"手如柔荑，肤如凝脂"，说的是女人的手像白茅的嫩芽柔嫩洁白，皮肤像凝脂洁白滑润，最早宣扬了"白为美"的观念。后来唐朝大诗人白居易在名诗《长恨歌》中也提倡"白为美"。他在诗中说到唐明皇想在马嵬坡被缢死的杨贵妃，派道士去海外仙岛寻找美人。道士找到杨贵妃、在朦胧中见到她时这样描写："中有一人字太真，雪肤花貌参差是。"也是认为肤色如白雪为美。

于是，"雪肤""凝脂"就成了文人形容女人貌美的最高标准。这一观点害死国人了，让中国女人为了保持肤色白嫩而不敢晒太阳，容易让骨骼变得松脆。这样的美学观念也为化妆品大开生财之门。欧洲的化妆品为了进入中国市场大发其财，也以"美白"相标榜，如迪奥、香奈儿、雅诗兰黛等。还有海蓝之谜、莱妮等更高档的化妆品，其价格之高令人咋舌，却特别受中国金领的欢迎，以至于流传一句调侃的话语："不买最好的，专卖最贵的。"

回忆起来，尼斯见到的景观第一次颠覆了我们关于肤色与健康的观念。

戛纳电影城

天生丽质成为旅游胜地

戛纳算是一个城镇，地方不大，人口也不多，但却蜚声全球。究其原因，不光由于它是"蔚蓝海岸"珍珠串上的一颗耀眼明珠，而且因为它拥有影响巨大的戛纳国际电影节。

就海岸风光而言，戛纳倒是与其他姐妹城市差不多，蓝天在上晴空万里，碧海在下平静如镜，阳光灿烂洒满大地，海风劲吹沁人心肺。优质沙滩长达5公里，无论涌来多少游客都装不满；宽阔的城市大道，典雅的楼房，白色的别墅，让城市显得精致迷人。道路两旁的植物特别令人赏心悦目，高处有成排的棕榈树迎风摇曳，低处是各种各样的灌木和花草，把城市打扮成绿色的世界。戛纳虽小而美丽，不愧为与尼斯、蒙特卡洛齐名的南欧三大旅游中心。

戛纳小城的文明发展之路，与马赛和尼斯有些不同。后两者由希腊人开拓，因商贸而兴，而戛纳的起步与基督教有关。公元5世纪罗马帝国轰然倒塌，在帝国的废墟上，基督教枝叶蔓生，生长茂盛。修道院在戛纳的早期发展中扮演了一个重要的角色。公元5世纪时，戛纳掌控在雷汉岛修道院的修士手里。修士尽管藏身在修道院

⊙ 戛纳海滩上，人们在享受阳光浴　摄影/段亚兵

的深宅大院中，但两眼却紧紧盯着外面的世界，积极传道，争取信众，干涉地方事务，管理经济业务，对当地社会经济的发展产生了很大影响。这种情况延续了近千年。

　　直到16世纪初期，戛纳才完全脱离了修道院的控制，恢复了世俗社会的面目。18世纪时，先后有西班牙人、英国人进犯，想控制这块山清水秀的世外桃源，但都被强悍的法国当局赶走，戛纳始终是法国人的心爱地盘。

　　拿破仑一世与戛纳有缘分，那是皇帝第一次被放逐于地中海厄尔巴岛期间发生的事情。不甘失败的拿破仑一世偷偷从岛上逃出来，于1815年3月1日在珍姆湾登陆进入戛纳。尽管当时这里还是人烟稀少的荒凉海滩，声望极高的拿破仑还是想办法在当地招到了800名士兵随他进军。拿破仑一路上招兵买马，最后竟然不发一枪进入巴黎，而且又当了百天皇帝，直到第二次被放逐。

　　戛纳被世人关注是因为一位名叫布鲁厄姆的英国勋爵。1834年的一天，他准备去意大利度假，途中遇到霍乱疫情，因边境被封锁而滞留于戛纳。他待着没事四处转转，惊喜地发现此地景色优美，气候宜人，物产丰富，不见得差于意大利的度假胜地，于是购置土地，建造别墅。这位英国勋爵是当时欧洲最懂享受生活的名人，他的决定自然引起了上流社会的好奇。作家雨果、画家毕加索都来了，连英国维多利亚女王都亲临观光，让戛纳名声大噪。一入冬，欧洲上流富人都来到这里尝尝鲜，带动戛纳的旅游度假事业迅速发展起来。

抓住时机电影节横空出世

戛纳国际电影节是世界最大、最重要的电影节之一，也是世界四大电影节之一。一个特殊的时机造就了戛纳电影节的成功。

意大利的威尼斯国际电影节是世界上第一个国际电影节，创办于1932年。二战期间德国和意大利（另加日本）同为法西斯轴心国，完全控制了威尼斯电影节。为了对抗德意，1939年法国另开炉灶，创办了戛纳电影节。此电影节每年举行一次，在5月举行，为期两周。戛纳国际电影节的最高奖为"金棕榈奖"，奖杯为金制棕榈枝，此灵感显然来自于当地棕榈树优美的形象，成为戛纳电影节的文化标志。"金棕榈奖"、"金狮奖"（威尼斯电影节）、金熊奖（柏林国际电影节），是仅次于美国奥斯卡奖的奖项，获得此奖成为世界电影工作者终身企盼的梦想。

据说，全球约年产2000多部电影，其中只有300部可能得到选片委员的垂青，再从其中挑出20多部新片，竞逐"金棕榈奖"。

电影节期间，25个电影院和放映室里，每天播映多部竞赛影片和观摩片，最后一晚颁发各种奖项，颁奖仪式在卢米埃尔剧院（Grand Theatre Lumiere）举行。这是一个高六层、拥有4000观众的剧场。出席的观众们必须穿着正式礼服，踏着红地毯入场。

虽然我们来的时间不是电影节期间，看不到举办活动的热闹场面，但并不影响我们观光游玩的兴致。我们在卢米埃尔大剧院前的台阶上留影，想象电影节期间这里铺着红地毯，大牌明星优雅地行走在红地毯上，表现自己美好的形象，接受影迷的喝彩。

"星光大道"是电影城里最有特色的一条人行小道。我曾经在美国的洛杉矶看到过好莱坞的星光大道，两者大致相似。我们在地面上寻找明星们按下的手印。星光大道上的一个小手印，是电影史上的一个大痕迹。我猜测明星看着这些永久留存的手印，心中一定充满了喜悦、骄傲之情。

影城前面的草地上，安放着一些电影场景的海报画板，供游人们照相取乐。画板上的电影人物是演员的身子，面孔部分留下一个鸭蛋形的圆孔，游人

◉ 夏纳影城的"星光大道"　摄影/段亚兵

可以伸脸进去拍照。快门一按，留影者就变成了英俊漂亮的男女主角。我伸入一个女明星的脸，持相机的同伴乐得大笑起来，照出的相片一看，爷们的粗犷面孔、女人的曼妙身子，连我自己都产生出一丝异样的感觉，有点意思。

街旁有一些珠宝奢侈品店，我们进去闲逛一会儿，想看看喜欢光顾珠宝店的明星演员喜欢的是什么样的珠宝。

街上有一些各种风味的餐厅，我们选择一家明星喜欢就餐的餐厅，品尝当地的新鲜海鲜。菜肴美味可口，法国红酒醇厚，想来明星也很喜欢夏纳的海鲜餐。

海滩边的小路上棕榈树迎风摇曳，路旁鲜花盛开。在路上散步，任海风吹拂，分享沙滩上阳光浴者的快乐。我猜想明星忙完工作，也会来到这个海滩上戏水、晒太阳，放松一下吧……

总之，戛纳就是一座为电影明星准备的城市。游人来到这座城市，能够感觉到明星无处不在、无时不在，到处都闪现着他们的身影。戛纳是最能够表现明星无穷魅力的地方，时时处处都能感觉到他们的影响力——引领时尚潮流，创造生活方式，尤其是擅长制造花边新闻。

戛纳不光有电影节，一年里还有各种各样的其它时尚活动、文化大餐。例如，金合欢节、国际赛船节、国际音乐唱片节、含羞草节、国际游戏节、戛纳购物节等。在这座小城里，游人们也可以像明星那样享受生活，尽情玩耍，充分体验电影城的魅力。

笔者感觉，蔚蓝海岸几个城市的景观其实差不多，海滩也大致是一个模样。戛纳的不同之处在于这座城市有电影节。电影是一种文化、一种时尚。因为有了电影节，每年都会吸引来世界各地的大明星，新电影要在这里受到最严格的艺术和技术的评判，接受权威们最挑剔的评语。因为有了电影节，戛纳就与众不同了。

戛纳的国际电影节上，来自世界各国的影人在这里同台表演，一争高低。中国电影人的表现如何呢？查一下资料，自1939年举办第一届开始到2019年止，戛纳国际电影节共举办了76届。中国第一部参加电影节的影片是田琛的《荡妇与圣女》，时间是1959年。后来参加的有李翰祥的《倩女幽魂》（1960年）、《杨贵妃》（1962年）、《武则天》（1963年），张艺谋的《菊豆》（1990年）、《活着》（1994年）、《摇啊摇，摇到外婆桥》（1995年），王家卫《春光乍泄》（1997年）等，分别得了一些专项奖。

真正获得金棕榈大奖的中国影片只有一部：陈凯歌的《霸王别姬》（1993年），后来该影片还获得美国金球奖最佳外语片奖，2005年入选美国《时代周刊》评出的"全球史上百部最佳电影"名

◉ 戛纳电影宫是举办戛纳国际电影节的场所　摄影/段亚兵

单。这部电影代表了中国电影取得的国际最高艺术成就，至今无人超过。这部电影由陈凯歌执导，张国荣扮演京剧青衣演员程蝶衣，张丰毅扮演老生演员段小楼。

法国人对电影有特殊贡献

戛纳能够成为欧洲三大电影节之一的举办城，有充分的理由。

理由之一是因为法国人对电影的发明发展做出了重要贡献。作为大众艺术的一种，电影诞生的历史并不长，其发展涉及技术、艺术等多个领域。

电影的基础是照相术，照相术出现于1839年。欧美许多国家的先驱者先是用照相术记录场景，后设法再现活动影像，为此进行了各种尝试。其中贡献最大的要算美国的伊斯曼、爱迪生和法国的卢米埃尔兄弟。伊斯曼发明了感光胶片。爱迪生先发明了使用感光胶片连续拍摄的摄影装置（他给此摄影装置起名为"黑囚车"）；后于1891年开始提供"西洋镜"装置进行表现，该装置只能供一个人通过"窥视镜"观看活动影像。卢米埃尔兄弟在伊斯曼和爱迪生发明的基础上，研制成功采用间歇装置的活动影片机。1895年12月28日在巴黎大咖啡馆的印度厅内，首次在公共场所的大银幕上放映了卢米埃尔拍摄的电影。人们就将这一天算作电影诞生的日子。

卢米埃尔兄弟是法国东部地区的贝桑松人，哥哥名叫奥古斯塔·卢米埃尔（1862—1954）；弟弟名叫路易斯·卢米埃尔（1864—1948）。爱迪生的"西洋镜"装置与卢米埃尔的放映设备最大的不同点在于："西洋镜"装置只能供一个人看，而卢米埃尔的电影设备可供多人观看。这点差别可不算小，为大众服务的设备才有市场盈利的可能，更为重要的是才有成为大众艺术的潜力。

放映机发明中需要攻克的最大技术难关是：画面如果走得慢，动作连续不起来；如果走得过快，又会出现画面模糊的问题。弟弟路易斯·卢米埃尔对此绞尽脑汁，一次他受缝纫机针脚"一动一停"的启发，发明出了在胶片两边打小孔、控制画面一格一格地往前跳动的装置，从而解决了这一技术难题。哥哥奥古斯特对这一天才发明大加赞赏说："我弟弟在一个夜晚就发明了活动电影机。"放映机的发明，让观众看到了既连续不断又十分清晰的画面，从而让电影具备了变成大众艺术的技术条件。

卢米埃尔兄弟对电影的贡献不仅在技术上，在电影艺术的创新方面也有重大贡献，开创了纪录片的先河。他们努力表现，复制现实生活中的真实事件和生活场景，例如，摄制了《工厂的大门》《火车进站》等影片，而不去拍摄专门摆设出来的场景和虚构的情节故事，当然后者倒也不是无用之举，是后来故事片的发端。甚至"电影放映机"的名字就是卢米埃尔兄弟确定的，并于1895年3月30

日获得了专利。

自此电影艺术诞生了，学术界认为它是继文学、音乐、舞蹈、戏剧、绘画、雕塑之后的第七艺术，而且7种艺术类型中电影是唯一知道其确切诞生日期的。

电影艺术发明后，极大地丰富了人类的视觉艺术，对人类精神生活产生了重大影响。电影之后又出现了电视，再后来是手机屏幕。电影开创的"活动的图像"成为受众最广泛、观众最喜爱、影响最深刻的大众艺术，超过了其它所有艺术形式，为此法国人立下首功。

所以说，举办国际电影节，戛纳真的够资格。

阿维尼翁古城

阿维尼翁印象

阿维尼翁（Avignon）城虽不大，却是南法的重镇，有以下几个原因。一是其为沃克吕兹省首府，政治地位重要。二是其为南法的重要交通要道——位于罗讷河与迪朗斯河的交汇处，水路通畅，特别是罗讷河波涛汹涌向南，流入马赛出海口；陆路交通则为大十字枢纽，东西沟通意大利的亚平宁半岛和西班牙的伊比利亚半岛，南北连接法国北方和南方。因此阿城自古以来就是交通通衢，东西南北辐辏之点，富裕繁华盛景之地。三是其历史悠久，可以追溯到高卢人的防御要塞、罗马帝国时期的城镇，当时的罗马人称之为"阿维尼奥"。14世纪的一段时间里，此地成为罗马教廷的教皇城，在历史上占有重要地位。这件事在下面一节中专题讲述。

这一天我们一早来到了古城。远远就看到了高大的古老城墙，长约数公里，至今墙体完整，整齐美观。走近一看，城墙用巨大石块砌筑，又高又宽，雄伟壮观，厚实坚固；城墙的关键处建有高立的塔台，射箭的垛口排列有序，精致好看。城墙虽然大体完好，但是历史的凄厉风霜留下了明显印记，弹洞箭痕，光影斑驳，面貌沧桑。

◉ 罗讷河上的贝内泽断桥　摄影/段亚兵

　　进城前导游先带领我们来到一条大河边，这就是著名的罗讷河，水长河宽，气象万千。河面上有一座雄伟的桥梁，桥面宽阔，桥墩结实，拱形的桥孔如连环扣环环相连，激流从半月形的孔洞中汹涌穿过，景色壮美。导游告诉我们此桥的名字是"贝内泽桥"。"贝内泽"是一个牧羊少年的名字，据说他15岁那年得到神启，决心在罗讷河上建一座大桥。他带头行动，影响民众，用了8年的时间建成此桥。时间是公元12世纪，至今已有900年历史。在中世纪，这是闻名欧洲的一座巨型的桥梁建筑杰作。

　　然而我们眼前的大桥却是一座断桥。据说完整的长桥有21座桥墩，22个拱洞，而如今的大桥只剩下4个拱洞。虽然长度只有原桥的1/5，但仍能感觉到大桥的雄伟。在数百年的时间里，大桥多次被洪水冲垮。桥垮重修，屡倒屡建，因为这座桥太重要了，朝圣者、商贸人、旅行者都要从这条桥上走过，也是法国、意大利、西班牙三国之间的一道友情彩虹。人与大自然的角力一直进行到17世纪，最后人认输了，放弃了修桥。断桥虽然失去了经济功能，却仍然是著

◉ 阿维尼翁的教皇宫更像是一座要塞堡垒　摄影/段亚兵

名的景点。

　　我们穿过高大厚重的城门进入城内，来到了一个广场上。场地宽阔，很有气势，广场随地形而建，一边高一边低，分成了几处高低不同的平场。环抱广场的是城墙，随着山坡逐渐升高。广场四周是各种建筑，最著名的当属教皇宫。让我感到意外的是，教皇宫并不是金碧辉煌的宫殿，而是像森严壁垒的军事堡垒。高大厚重的墙壁，保持着石头的黄白原色；房顶上没有飘逸的飞檐，却有众多的箭垛；大门低矮，窗户窄小，便于防守，但让宫殿内部光线昏暗。这种建筑风格倒是与环卫古城的城墙一致。古城建于公元14世纪，属于欧洲的中世纪时期。教皇宫不似皇宫像堡垒，固然是当时重实用、讲朴素社会风气的表现，但估计也与当地社会治安不怎么好有关系。

　　进入教皇宫仿佛进入了一座迷宫。大殿连着小厅，廊道迂回曲折，光线昏暗，气氛凝重，有些神秘感觉。皇宫按照建筑时间不

同，分为旧宫和新宫，外表看不大出来，里边差异却较大。新宫富丽堂皇，最大的厅堂位于二楼，是教皇克莱门特六世的礼拜堂；旧宫朴实无华，有红衣主教会议厅、宴会厅等。

　　教皇宫的西面是圣母教堂。教堂的门面部分是一座高高的方形塔楼，塔楼的顶端矗立着一尊全身金色的圣母塑像，在湛蓝的天空背景里特别抢眼。再往前走一走就到了城墙边，居高临下放眼望去，美丽的景色尽收眼底。山坡高低起伏伸向远方，灌木丛给大地披上了绿色外衣，有点浑浊的罗讷河绕城缓流，断桥升入河道中像是一个长形的跳水台。

　　古城南边有条小街。街道不算宽，两排绿树直立相夹，树叶迎风摆动沙沙作响，为古城增添了许多生气。路旁有饭馆、咖啡馆，不时传来喧哗声；还有一些商摊，贩卖水果、服装和纪念品。我们漫步其间，问问价格，挑选一些物品，感觉很有乐趣。

　　沿街的房子不高，经历了长期的风吹雨打，模样显得老旧。导

◉　古城内的一角像山头堡垒　摄影/段亚兵

◉　古城外幽静的小巷　摄影/段亚兵

游指着画在墙壁上的一些窗户告诉我们："你们看这些是画上去的假窗户……"为什么要画假窗户呢？导游解释说："从前城里收税是按开了几扇窗户来确定税额的。为了少纳税，建房时就少开窗。建成的房子墙面光秃秃又感觉不好看，就在墙面上画一些假窗……"看到这种情景，我想起了荷兰阿姆斯特丹，那里的税收是按照门的宽窄计算的。居民们为了少交税，房门都做得窄窄的，最极端的房门人要侧身才能进出。门这样窄，家具怎么搬进去呢？聪明的居民有办法！他们将窗户开得大大的，还在屋檐下安装一个结实的铁钩和滑轮。大家具要进屋就用吊装的办法从窗户搬进去。看看税收政策的威力有多大，人们趋利避损的愿望又有多强：按门收税就把门开得窄窄的；按窗收税就把窗户画在墙上。上有政策，下有对策，看谁斗得过谁，搞得官方没脾气。

阿维尼翁老城里只有1.5万居民。政府严格保护古城的原貌，房子的外墙是不允许随意改变的。政府对老房维修提供财政补贴，算是对居民居住在老房子里生活不便的补偿吧。1995年阿维尼翁被联合国教科文组织列为世界文化遗产。

教皇的第二家园

阿维尼翁为什么会建有教皇宫？是因为在中世纪的1309—1377年间，此地曾经成为罗马教廷的大本营，先后有7任教皇在此地主政。

中世纪中期一段时间里，西欧各国封建政权与罗马教皇之间争权夺利，其中法王与教皇的争斗尤为激烈。14世纪初，法国对罗马教廷的教皇选举开始施加压力。有一个名叫卜尼法斯的教皇死后，法国抓住机会，巧妙运作，最后让一名法籍大主教当选为教皇，即为克莱门特五世。新教皇对当时意大利动荡的政局心存恐惧，怕不安全，找种种借口不去梵蒂冈就任。1309年，受法王腓力四世的授意，他干脆将教廷迁至阿维尼翁。

法王腓力四世开始为自己的运作收获红利。他给新教皇施加压力，要求他同意法王向法国的教会和神职人员征税；解散了圣殿骑士团，将该团体拥有的大量财产收归国有；最厉害的一招是迫使教皇承认世俗的国王是由上帝直接设立的，而不是通过罗马教廷从上帝那里间接地得到了授权任命书。由于克莱门特五世的操作和影响，从克莱门特五世开始担任教皇的约翰二十二世、本笃十二世、

克莱门特六世、英诺森六世、乌尔班五世和格列高利十一世等连续7
个教皇都是法国人。

直到1377年，格列高利十一世接受了一些神秘人士一半吓唬一
半预言的劝告，加上担心梵蒂冈教皇国由于长期动荡，权威日益不
保，认为应该回到罗马坐镇控制局势，维护教廷的权威，于是决定
将教廷迁回罗马城。教廷在阿维尼翁近70年，时间长短有点像公元
前6世纪新巴比伦王国国王尼布甲尼撒二世征服犹太王国、将犹太人
强迫迁移到巴比伦做苦工70年的"巴比伦之囚"时期，因此世人戏
称此时的教廷为"阿维尼翁之囚"时期。

教廷迁回罗马的次年格列高利十一世逝世。法、德、意各国统
治者又为选立新教皇而勾心斗角，激烈争夺，造成天主教会同时有
两个教皇对峙、甚至三个教皇鼎立的分裂局面，史称"天主教会大
分裂"。

教皇格列高利十一世去世后，教廷选出了意籍教皇乌尔班六
世。他即位后力图消除法国对教廷的影响，引起在枢机主教团中占
多数法国人的不满。他们离开罗马又回到阿维尼翁，声称被胁迫而
选出的乌尔班六世教皇职位无效，另选出日内瓦籍枢机主教为教
皇，即为克莱门特七世。乌尔班针锋相对，在罗马另设枢机主教
团，结果形成天主教会大分裂的局面。

两位教皇相互攻讦，互相开除对方教籍，并要求西欧各国教
会效忠自己的教廷。各国教会没有办法只好选边站队，结果欧洲的
天主教会分成了两个势力集团。后来教徒觉得这样搞下去不是个办
法，在法王查理六世的倡议下，两处的枢机主教团1409年在意大利
比萨举行会议商量解决的办法。由于会上争执不下，大家干脆将罗
马的格列高利十二世和阿维尼翁的本笃十三世同时废黜，另选出教
皇亚历山大五世。但是，格列高利和本笃怎能就此罢手，他俩分别
争取到了一些国王的支持，均拒绝退位，结果出现了三个教皇鼎立
的局面。

1414年，后为神圣罗马帝国皇帝的西吉斯蒙德迫使教皇约翰二十三世（亚历山大五世的继承人）召开"公会议"。约翰在会上受到谴责，一赌气弃职而走。然而会议继续举行，结果约翰和本笃被废黜，格列高利也被迫引退，另选出了各方都能接受的新教皇马丁五世。至此，延续40年的天主教会大分裂才宣告结束。

阿维尼翁的地盘最早属于普罗旺斯的女领主让娜。1348年，她以8万弗罗林（古佛罗伦萨金币）的价钱将这块地皮卖给了教皇克莱门特六世，从此成为教廷的领地。后来虽然教廷重新迁回罗马，但土地的领主仍然是教皇，直到1789—1799年法国大革命后才被法国政府收归国有。

戏剧节盛宴

阿维尼翁之所以出名，除了曾经是教皇的第二大本营外，还因为阿维尼翁戏剧节。该戏剧节与英国的爱丁堡艺术节、德国的柏林艺术节并称世界三大艺术节。阿维尼翁艺术节创办于1947年，算是法国历史最长、影响最大的艺术节。

我们是2016年到的阿维尼翁。当导游随口介绍说十几天以后阿维尼翁戏剧节就开幕了，我听完傻了好一会儿。安排行程时，怎么就没有想到戏剧节这回事呢？这次看不上了，想看的话以后要专门安排。在古城里转悠时，我又问起了戏剧节的事。导游指指点点地跟我说，这个大广场里将会搭台成为最大的露天剧场，许多地点也会成为表演场地。事实上戏剧节期间除了剧院、城堡大厅、教皇宫前的广场舞台等较正规的剧场外，还在大小广场、公园等空场里临时搭建起大大小小的舞台多达上百处，票价有贵有廉；演出时间长达20天。欧洲从古到今的许多名剧都会在这里演出。

导游边走边说，又介绍了许多戏剧节背后的事情。阿维尼翁戏剧节的创办人是法国的戏剧导演让·维拉尔，他先是话剧演员，后来成为导演。当时二次大战刚结束，从政府到民间都在考虑如何尽快恢复文化艺术事业。1947年夏天，维拉尔受政府委托在阿维尼翁举办法国首届艺术节。当时他正在考虑如何让戏剧走出巴黎，让更多的观众喜欢它。双方一拍即合，在筹备工作中维拉尔表现出了异乎寻常的热情。

在古城里举办戏剧节有很多不利条件。古城里没有足够的剧场，而戏剧对剧场条件要求很高：观众区要暗，便于将观众们的注意力吸引到舞台上；灯光要集中，能够让观众看清楚主角的精彩表演；麦克风要好，让观众听得见演员们在说些什么；布景要丰富，交代清楚故事发生的环境……而古城里不利之处很多：剧场不够，要临时搭建；时间不够，许多剧目要安排在白天上演等。

维拉尔克服了这些困难，将首届戏剧节举办得十分出色。剧场有限，就白天黑夜连轴转安排演出；因陋就简省去舞台布景，以古老肃穆的教皇宫墙为背景；没有条件搞灯光背景，就以湛蓝的天空和繁星夜空为天幕；准备大型道具是奢侈的要求，演员就在空旷的舞台上表演……其实任何事情都有利弊两方面的因素：一方面，条件困难对导演和演员们是严峻的考验；另一方面却让戏剧回归到了最早诞生时的原生状态。最早古希腊的戏剧演出时，大多数也是在街头表演的，按照维拉尔的美学观点，戏剧的常态演出就应该是这个样子。

首届阿维尼翁戏剧节取得了巨大的成功，戏剧从巴黎的高雅殿堂里走出来，在民间的广场街头上获得了新的生命，给法国乃至欧洲的戏剧表演艺术带来了一股清新空气。这完全符合维拉尔的想法，他说："应该让戏剧艺术从封闭的圈子里走出来，重现建筑空间与戏剧情节之间诗情画意的对话。"维拉尔真是一位天才的戏剧导演，他提倡的导演原则，就是要在空旷的舞台上，让演员尽最大可能发挥自己的表演技能，把剧情的深刻内涵、台词的言外之意传达给观众。我突然想到，维拉尔的观点与中国戏剧的美学思想十分合拍，中国戏剧的布景舞美也很简单，主要靠演员唱念做打的功夫表现戏剧的丰富内容。

从受众的角度，维拉尔主张戏剧是为"公众服务"的艺术项目，希望把戏剧从有钱人的奢侈品还原为大众的艺术娱乐项目，就像电影和体育比赛一样。我感觉，阿维尼翁戏剧节首办成功，取得巨大成绩和影响，的确与维拉尔的艺术观念有很大关系。

1951年，鉴于首届阿维尼翁艺术节的成功和维拉尔的出色业绩，法国文化部委任他为国家人民剧院院长，并拨专款组建常设剧团，在巴黎郊区组织演出，场次不少于150场/年度，实行低票价。在维拉尔的努力下，戏剧在法国迅速普及，真正变成了大众艺术。

我问艺术节的演出情况，导游这样描绘一番："艺术节开幕时，世界各地的戏剧爱好者和游客们都来了，20多天里古城热闹非凡。每天有几十台戏剧同时上演，想都看完是不可能的。有人选择自己喜欢的剧目，从头到尾认真看完；有人'跑场子'，这里看一段那里看一折，尽可能地多感受；有些戏剧是开放式的，欢迎观众与他们互动；追星族可以寻找自己喜欢的演员合影留念；街头的商贩出售各种戏剧光碟和书籍，有兴趣的学者可以收集做一番研究……总之，戏剧节是舞台盛宴，满足大家对戏剧的各种好奇心；戏剧节是艺术之旅，经此一段旅途能够看到最奇妙的景色；戏剧节是乐园，可以享受到无限的欢乐。如果你们有兴趣下次再来，我陪你们观看艺术节……"

我们鼓起掌来，以掌声为约。

摩纳哥赌城

摩纳哥掠影

摩纳哥的国土面积2.08平方公里（其中0.3平方公里还是填海造陆而来），全球排名倒数第二。倒数第一的是罗马的梵蒂冈城，0.44平方公里。

摩纳哥虽然小，但优越条件天下少有，世界知名度非常高。该国家（或说城市）地处蔚蓝海岸线上，东距意大利8公里，西离法国尼斯14.4公里，游走蔚蓝海岸线时会经过摩纳哥。如果到这一带海岸观光，挑选数个景点，一定少不了摩纳哥。这个国家（城市）三面被法国的陆地包围，背靠阿尔卑斯山，一面则朝向蔚蓝色大海，海阔天空，景色之美世上罕见。

一是景色奇丽。

景色最美的地方在山顶的王宫广场。摩纳哥是大公国，因此宫殿应该称为大公宫。宫殿有王家卫兵站岗，不对外开放。我们来到广场东侧，只见地面上摆放着数尊火炮，手球大小的铁质弹丸整齐地堆放在火炮旁边，炮口虎视眈眈冲着山崖下的海湾。据说炮台建造于14世纪。

好一个美丽安静的港湾！海岸两岸的岩石像粗壮的胳膊伸向海中，环抱着蓝色的水域，拒挡住暴风骤雨，让港湾风平浪静。水面上停满了白色的豪华游轮。火炮当然不是用来对付豪华游轮的，游轮是富豪们用来炫耀财富的奢侈品，而当年修建炮台说明这里是一个兵家必争的重要港口。王宫侧面的一角有一个雕塑，导游介绍说这是摩纳哥阿尔贝一世亲王（1848—1922）的塑像。亲王曾在西班牙海军服役，对海洋学兴趣浓厚，同世界许多科学家一起进行了28次远洋考察，搜集了无数海生动物和植物的标本。他大量投资，建起

◎ 摩纳哥阿尔贝一世亲王的雕像　摄影/段亚兵

了巴黎海洋研究所和摩纳哥海洋博物馆，将一生献给了海洋研究，被誉为海洋科学的创始人。

　　站在广场边上观察，只见山势陡峭，石壁直立，王宫巍峨。宫殿建筑的基础镶嵌在石壁中，白色石料砌筑的宫墙坚固典雅，高耸的墙壁与陡峭的石壁连为一体。从这里俯视，万里海疆尽收眼底，令人心旷神怡，海风吹来，呼呼作响，海面掀起波浪，惊涛拍岸，感觉真爽。远处是蔚蓝色的大海，海面涌动起伏，洒满了金色的光斑，海鸥飞翔欢叫，一派生动的景象。

　　二是建筑精美。

　　看过广场，我们来到圣马丁花园（又名珍奇花园）。花园也建

◉ 摩纳哥海湾里停满了豪华游艇　摄影/段亚兵

在山崖边，面积虽然不大，但精心建造，处处都是美景。行走在花园人行小径中，头顶是湛蓝的天空，脚下是蔚蓝的大海，身边是奇花异草的绿色世界，树丛中有精美的雕塑作伴，好像是童话仙境。

不光是大公宫和公园，城市里满街都是高大的建筑，有始建于1875年的摩纳哥大教堂、建于20世纪的摩洛哥海洋博物馆、蒙特卡洛大赌场等，无不给游人留下深刻的印象。但是与这些建筑相比，我们更喜欢街上那些高高低低、色彩斑斓的居民住宅，这些房子设计独特，式样新颖，建材讲究，质量上乘，无一处简陋残破，看上去赏心悦目。单从住宅就能看出这座城市居民不俗的实力。

三是居民富有。

摩纳哥街道整齐，路面平整，房屋漂亮，公共设施齐全。单是我们见到的文化设施就有国家博物馆、卡罗琳图书馆、拿破仑纪念

◉ 海风吹拂，海鸟欢叫，迷人的海景　摄影/段亚兵

馆、蒙特卡洛歌剧院等。然而，要说给我留下最深印象的一点，那要算满城飞跑的各种豪华汽车。街头上随便能够遇到劳斯莱斯、玛莎拉蒂、宾利等许多顶级轿车。在我的印象中，除了美国的拉斯维加斯外，就数摩纳哥看到的高档豪华车多了，而且感觉后者要胜过前者。

最奇妙的是这个微型城市竟然建有汽车拉力赛赛道。赛道就在蒙特卡洛赌场的所在区，称之为蒙特卡洛赛道。在摩纳哥举办的赛事有蒙特卡洛拉力赛、蒙特卡洛F1大奖赛，这两场赛事是著名的4场世界一级方程式锦标赛中的2场。该赛道道路狭窄多弯，超车极为困难，单圈长度仅3.367公里，而整个比赛要跑满78圈。这是世界上最具挑战性的赛道之一，来此赛车并取胜是许多优秀车手梦寐以求的愿望。

151

◉ 摩纳哥王宫坐落在山顶上　摄影/段亚兵

◉ 皇宫卫兵欢迎游客与其合影留念

人们说"衣食住行"。就"住行"的高标准而言，摩纳哥可能是全世界最富有的国家。摩纳哥的致富门道是什么呢？首先是靠旅游拉动经济，其次是赌博。蒙特卡洛是欧洲最古老的大型赌场之一，建筑一直保持百年前建成的模样。赌场的一个特点是只接待超级富豪，不接待本国平民，这一点与许多赌场不一样。

政府的收入多一半来自对商业、广播电视、赌场和专利权（烟草、邮票）的税收，据说摩纳哥境内有3000多家工商企业和服务业；对国民和国际商业机构则免征所得税，因此吸引了不少富翁移民此地以避税。2016年，摩纳哥人均国内生产总值72091欧元，位居世界前列。

摩纳哥与中国政府间关系良好。两国于1995年1月16日建立领事关系，2006年2月6日升格为大使级。两国国家领导人互有来往，经济合作逐步开展。阿尔贝王储两次访华，2006年2月，李肇星外长对摩纳哥进行正式访问。2007年4月，摩纳哥亲王阿尔贝二世对中国进行国事访问；2019年3月，中国国家主席习近平访问摩纳哥。2017年6月，摩纳哥与支付宝签订战略合作协议（MOU），接入支付宝，这是蚂蚁金服第一次与主权国家政府签订战略合作协议，摩纳哥成为全球首个"无现金国家"。

夹缝中的生存之道

摩纳哥地区历史悠久，考古表明，当地在石器时代便有人居住。公元前6世纪古希腊福基斯人来到此处，建立了摩诺伊科。该名字来自希腊神话：大力士海格力斯（他的父亲就是大名鼎鼎的天帝宙斯）曾经路过这里，坐在岩崖旁的石头上休息了一小会儿，为此福斯基人在岩崖上建了一个神庙祭祀海格力斯，这个神庙就被称作"摩诺伊科"，意思是"神庙"。后来罗马人统治了这个地区，9世纪叙利亚一带的阿拉伯萨拉森人入侵此地，开始了基督教文明与伊斯兰教文明的碰撞和争斗。

1215年，热那亚人在摩纳哥的悬崖上修建了一座城堡，标志着摩纳哥的新开端。1297年，热那亚的格里马尔蒂家族因国内战乱逃到普罗旺斯地区并夺取了摩纳哥城堡。1304年，摩纳哥公国成立，由此开始了格里马尔蒂家族对摩纳哥长达700年断断续续的统治。1338年，摩纳哥成为独立公国。说是独立成国，但规模太小，只能周旋于意大利、西班牙、法国等大国的夹缝中，在随时可能倒台灭国的威胁下生存。

先是14世纪，由于热那亚共和国与格里马尔蒂家族达成和解，摩纳哥重归意大利，成为热那亚保护下的小领地。后来16世纪，由于热那亚共和国衰落，摩纳哥向西班牙申请保护，成为西班牙的属国。再到17世纪，法国崛起，开始向西班牙发起了挑战。格里马尔蒂家族见风使舵，脚踩英国、法国两只船，千方百计试图保住领地。

1789年，法国大革命爆发，格里马尔蒂家族被赶出法国，摩纳哥被并入了法国。法国大革命失败后，波旁王朝复辟，摩纳哥又获独立。被法国大革命风暴吓坏了的格里马尔蒂家族再次投靠意大利，接受撒丁王国的保护。

1848年，欧洲革命爆发，摩纳哥在动乱中丢失了芒东和罗克布伦两座城，国土面积从20平方公里缩减到1.98平方公里，人口只剩下1000多人。1859年，撒丁王国为了借助法国的力量驱逐奥地利，把萨伏伊地区和尼斯地区割让给了法国。看到摩纳哥对芒东和罗克布伦还拥有名义上的统治权，法国就动心思与摩纳哥做交易，后者把芒东和罗克布伦的统治权以400万法郎的价格卖给法国，法国则保证摩纳哥的独立地位。

由于摩纳哥丢掉了大部分土地和人口，失去了主要的收入来源，因此不得不寻找新的财路。当时的大公是查理三世，他母亲卡洛琳颇有经营眼光，建议将孤悬在法国东南海岸边缘的一片岩石海岬辟作赌场，取名蒙特卡洛。赌场开张后经营不善，连换了4任经营者仍然不行，查理三世听说法国有一个赌场经营高手布兰克，就以50年赌业专利权的优惠条件请他来承包经营。布兰克果然有手段，不但让赌场转亏为盈，而且把一片乱石贫瘠之地建设成为一座美丽的花园。蒙特卡洛赌场综合使用的土地面积，占到了公国的近一半，摩纳哥很快就成为欧洲著名的赌博和旅游胜地，经过不长时间国家就开始富得流油，成为欧洲人向往的世外桃源。

为了生存下去，摩纳哥不得不向法国屈服。双方签订协议，摩纳哥把外交和国防等事务全都交给了法国，成为了法国的附庸国。双方还约定，如果摩纳哥出现继承人危机，没有了男性继承人，摩纳哥将自动并入法国。后来2002年，双方签订新条约，规定当摩纳哥国家元首无人继承时，摩纳哥仍然为独立国家。2005年摩法又签署一系列条约，法国进一步让步：摩拥有自行任命包括国务大臣在内的所有政府成员的权力；双方加强在司法、行政、税收等领域的合作。

讲述摩纳哥的这段曲折历史故事，可以知道小国想要存活是多么地不易。中国的老子在两千多年以前就分析过小国与大国的相处之道。老子说："故大国以下小国，则取小国；小国以下大国，则取大国。故或下以取，或下而取。"这句话的意思是：大国对小国谦下善待，就可以取得小国的信任和依赖；小国对大国谦下忍让，就可以见容于大国。所以，或者大国对小国谦让而取得小国的信任，或者小国对大国谦让而见容于大国。

大国与小国，主动权当然在大国手里；但是如果小国有智慧，应对得当，也可以影响大国的想法，从而在一定程度上控制两国关系的走向。

格里马尔蒂家族的座右铭是："主的帮助，与我相随"（拉丁语Deo Juvante）意思大概是只要我努力奋斗，一定会得到上帝的帮助。也有人翻译为"天助我治"，这更像中文的语法，意思大概可以理解为：自强不息，符合天道。格里马尔蒂家族700年的历史，是奋斗不息史，是委曲求全史，在大浪淘沙的历史长河中能够生存下来，真是不易。

大法国与小摩纳哥，两者做得都挺不错。

大公与王妃的爱情故事

我们进入摩纳哥大教堂参观。教堂建于1875年，距今一个多世纪，建筑风格为罗马—拜占庭式，是当年流行的风格。教堂不光是重要的宗教场所，也是艺术殿堂，收藏有文艺复兴之前尼斯著名艺术家的作品；有古老的管风琴经常会演奏出美妙的音乐。因此，大教堂自然成为新人举行婚礼的温馨场所。

我们在大教堂的走廊里，看到了一组举行豪华婚礼的的照片，新郎官是雷尼尔三世，新娘是美国电影明星格蕾丝。这是一个现代版的王子与美女的浪漫爱情故事。

雷尼尔（1923—2005年）算得上是摩纳哥的中兴大公，在位56年。雷尼尔受教育于英国的萨默菲尔德学校、法国蒙彼利埃大学和巴黎政治学院，曾在法国军队中服役，参加过解放阿尔萨斯和斯特拉斯堡的战役。1949年5月9日，雷尼尔继承了祖父路易二世亲王的王位，成为摩纳哥公国第32位君主。他在位期间摩纳哥变成"富人的天堂"。他十分亲民，曾经自豪地说，能在大街上认识所有子民的国家元首仅有他一个。他的政绩也被国民津津乐道：蒙特卡洛赌场日进斗金；银行的信誉和保密措施吸引来了巨量富人存款；大量的免税店让摩纳哥成为购物天堂；大规模的填海造地工程让国家的领土扩大了20%；浮动的防浪堤使港口吞吐量增加了1/3，豪华游轮得以停靠码头；高楼大厦在半山拔地而起；地下空间被开辟为停车场停放各种名贵豪车……半个世纪里，雷尼尔打造了一个现代高档的城市国家，他也得到了"建设亲王"的美誉。

然而国民饭后茶余最喜欢谈论的还是他与明星格蕾丝的爱情浪漫故事。1955年，在戛纳电影节期间，雷尼尔遇到了好莱坞当红女影星格蕾丝·凯利，一见钟情不可救药地爱上了她。半年后雷尼尔实在忍不住了，跑到美国费城登门向格蕾丝求婚，抱得美人归，在摩纳哥王宫和大教堂举行了隆重的婚礼。

这场婚礼让摩纳哥的国民倍感喜悦，新娘子漂亮优雅、有魅力；美国人也感觉有面子，评价说这是20世纪最动人的爱情。婚礼吸引了全球媒体的关注，到现场采访报道婚礼盛况的记者多达上千

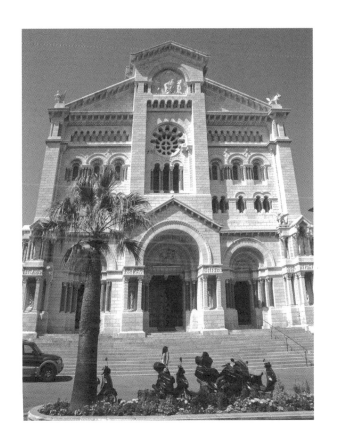

⊙ 摩纳哥教堂外形秀丽
摄影/段亚兵

人。浪漫的爱情故事让国家得到了一个广告大礼包，极大地提高了
摩纳哥的国际影响。

　　婚后第二年，王妃生下了卡洛琳公主，第三年生下了阿尔伯特
王子，几年后第三个孩子斯蒂芬妮又出生了。这在国民看来是多么
美满幸福的第一家庭啊。但问题开始出现，也许是七年之痒吧，或
者是最好的爱情也会有审美疲劳的时候，大公与王妃的婚姻出现了
裂隙。据说夫妻长期处于分居状态，但碍于王室的面子，双方保持
恩爱的假象长达20多年。

　　1982年9月13日，格蕾丝驾车带着小女儿斯蒂芬妮在回摩纳哥的
路上发生车祸，汽车冲出道路，摔下悬崖。最终，斯蒂芬妮活了下

157

来，遭受了重度脑损伤的王妃去世，享年52岁。国葬时王妃手上唯一佩戴的戒指，是26年前亲王亲手为她戴上的结婚信物；而亲王此后未再续弦，直到2005年去世。我猜想，虽然也许两人有难以调和的矛盾，或者有难以解释的深深误会，但是两人一直都彼此尊重，互相欣赏，深爱着对方。真相也许就是这样，欧洲人一直认为这是一场童话式的美好爱情。

2014年，有一部名叫《王妃格蕾丝》的传记类电影上映，说的是1962年摩纳哥与法国两国关系中出现严重问题时，作为一国之母的格蕾丝通过外交努力化解了危机。电影拍得非常好，就是因为看了这场电影，才让我对摩纳哥产生了浓厚的兴趣。从电影了解到王妃真是一位聪明智慧的女人，天妒红颜，实在可惜。

普罗旺斯寻美

下榻索格岛

来到普罗旺斯，我们住在索格岛（Sorgue）一家民宿酒店里。

这是一栋独楼，虽然只有四层，但是跟旁边的房子相比还是比较高。一楼是餐厅和卖艺术品的小商店，上面是酒店，我们不愿意爬高，就要求住二楼。楼房比较旧，但经过改建整修，干净舒适。接待我们的经理（也是服务员）是一对中年夫妇：男的瘦高个，皮肤白净，头发带卷，典型的白种人，负责接待；女的见面少，主要负责厨房的杂活。导游跟我们说，这栋楼房是女方祖上传下来的，改成民宿酒店后生意不错，夫妇两人就干脆以管理酒店为职业。

第二天早晨一起床，我们下到楼下院子里用早餐。小院子很漂亮，几棵大树团团如伞，树下花丛色彩多样，墙壁爬满青藤。大树底下摆着几张铺着洁白餐布的餐台，阳光透过树叶光影斑驳。早餐丰盛，烤香肠、煎鸡蛋、法棍、奶酪、香喷喷的咖啡等一应俱全，最大的特点是食物很新鲜，水果品种多。丈夫跑来跑去为我们服务，厨师妻子也出现了，面目和善，衣着朴素，对着我们微笑。我们表示了谢意。

⊙ 绿树环绕，河水清澈，
  索格岛如世外桃源
  摄影/段亚兵

　　走出社区来到一条河边，河边的小路上摆满了售货台，成为热闹的集市。货摊顺路而摆，成了长蛇阵。货品琳琅满目，水果和蔬菜新鲜欲滴，服装五颜六色，旅游产品各式各样。导游帮着翻译，我们与商贩聊天，与卖货的大婶合影，挑物砍价成交，别有一番趣味。

　　穿过集市，我们直奔古玩市场。索格岛有南法数量最多的古玩旧货市场。我们一直在市场里转悠，在这里看看集市，在那里挑挑土特产，其乐无穷。

　　索格岛最美的地方在于水。绕着镇边流淌的小河清澈见底，清流中的水草看得清清楚楚，绿的、黄的、褐色的水草在水流的冲激中，弯下身子与水同流，一缕一缕地飘扬，好似美人的长发；水底草丛柔软地摇摆，又好像风中婀娜的柳丝。河岸边有一个几米高的大水车，水车圆圆的木轮颜色黝黑，上面长满了墨绿色的苔藓，时光留下了熏染的颜色和岁月的印记。我们来到一家花园式的餐厅就餐喝咖啡。我注意到房屋的地下，竟然流动着一股清流，水头还不小，激起阵阵水花。人在花中坐，水在脚下流，在这样的环境里喝咖啡别有一番滋味。我在想，如果晚上在这家楼上的房间里睡觉会是什么感觉？也许在潺潺的流水声中更容易进入梦乡吧。

清澈见底的河流，如今见得少了。小时候我在甘肃甘南草原上、山林中，经常见到这样的小溪清流，成为儿时的记忆。后来在走南闯北的旅行中，倒也多次见到过像眼前这样的清澈流水。在新疆的喀纳斯湖，我们为见到像蓝宝石一样晶莹、绿绸缎一样飘逸的湖水而发出惊叹；在西藏林芝的原始森林里，为遇到像水晶般清澈、玻璃似透明的溪流、水潭而欢欣；在瑞士琉森小镇，为从阿尔卑斯山上流淌下来的洁净清流汇聚成山间湖泊而雀跃；在奥地利萨尔茨堡《音乐之声》电影拍摄地，为能在水至清若晴空的"月亮湖"上泛舟而感觉奢侈……

清澈的水流只有在人烟稀少的地方才能见到，这个事实提醒我们，人类的活动对大自然原生态造成了极大影响，甚至是破坏性的污染。而在索格岛居民、游客也不算少，但河流仍然洁净清澈，说明这里的居民环保意识强，环保工作做得比较好，这一点让人高兴。

探奇戈尔德

戈尔德（Gorde）是一个山间小镇，居民约有2000多人，游客习惯叫它石头城。

汽车转了一个弯，在路边停下来。导游对我们说，这里是拍摄石头城的最好角度。下车前望，果然景观奇特。路旁是山崖深沟，对面陡峭的山头上，密密麻麻建有一片房屋。房子顺山势而建，层层叠叠，密密匝匝，层次分明，立体感很强。建房多选用石料，墙壁颜色灰白，房顶瓦片暗红，建筑物之间有一些绿树点缀，给小镇增加了几分秀气。大大小小的房子全部由石头建成，众多的房子建筑在独立的石头山上，像是升到了天空中，因而得到"天空之城"

⊙ 戈尔德石头城依山而建，房屋错落有致，景色奇妙
摄影/段亚兵

的美名。本来，山头是普通的山头，房子也是一般的房子，但是这种布局和建法，让石头城显出独特的气势，成为普罗旺斯一个著名的景点。美国CNN旗下一个旅游网站评选出世界最美丽的十大小镇，戈尔德小镇名列榜首。

重上汽车，行走一段蜿蜒曲折的山路，进入了石头城。想识石头城真面目，必须进入小镇走一走。石头城不愧有这个名字，因为所有建筑都离不开石材，无论是教堂、古堡、民房，甚至院落的围墙，都是用石块砌筑。选择一些石块、石砖、石片砌筑时，大小搭配，厚薄镶嵌，显出古拙之风格、自然之形态，煞是好看。石头本来就是灰白色的，又经过数百年的风吹雨打，烈日炙烤，更加发白，隐隐泛出一层光辉。石头城无处没有石头，石头才让小镇显出原始粗粝的真美。

山顶上是一处平地，建成了小镇的中心广场。广场中央有一个雕塑，是一个头戴钢盔、身穿大衣、手拄长枪的军人形象。纪念

◉ 石头城山顶上有小广场，广场上有坚固的城堡
摄影/段亚兵

碑的说明文字是"法国戈尔德纪念碑1914—1918"。中世纪的古镇里，却竖立着一尊欧洲一战的军人纪念碑，似乎不大协调，但也能够感觉到历史老人行走的脚步。一战中，法国与德国殊死战斗，最后法国所在的协约国取得胜利，法国人为此树碑立传当然有充分的理由。但战争给双方都造成灾难，法国在一战中损失惨重，战后经济严重困难，只是不知道当年战火是否烧到了普罗旺斯。导游说，可能树碑纪念的是为战争做出牺牲的戈尔德士兵。

广场右侧有一座占堡，虽然石头风化严重，墙面斑驳，但仍然坚固，中世纪真是重视建筑质量。旁边有一个小教堂，教堂房顶上有一个黄铜挂钟。当钟声响起，就是提醒教徒该忏悔祷告了，来教堂反省一下吧，看有没有干了让上帝不高兴的事情。

如果要去广场旁边的小街逛逛，就要顺着山路的斜坡往下走，房子建在斜坡小路两边，成为联排楼。街道两边开设了各种各样的商店，有鲜花店、礼品店、手工艺作坊等，还有数个画室，室内摆满

163

◉　行走在石头城的石头小路上，仿佛进入中世纪

了以石头城为题材的风景画。有时在街巷里还会遇到支着画板写生的画家，古镇景色奇丽，是激发艺术家们创作灵感的好地方。

脚踏着石板铺就的小路，行走在窄如走廊的小巷里，时间仿佛慢下来了。古旧的门板，黝黑的窗棂，残缺的石阶，镂空铁艺的招牌，石片随意垒起的围墙，墙壁上斑驳的水印，不知经历了多少风雨的冲刷；安静的环境，古朴的庭院，路边茂盛的绿树，爬上墙壁的青藤，点缀其间的红花，小镇古旧却春意盎然；质朴的房屋，静坐在门前的老人，三三两两的游人，构成了一幅美丽的画面。我们仿佛穿越到几百年前，来到了宁静的中世纪。

从斜坡路走到石头城的边缘，有一个观光小平台，站在这里向前望去视野十分开阔。山脚下是一望无际的绿色原野，夹杂着不同颜色的色块，黄色的是庄稼快要成熟的农田，紫色的是薰衣草的花海，再远处青灰色的是蜿蜒起伏的山峦，像游走的青蛇。石头城位置较高，蓝天晴空，白云飘荡，不愧为"天空之城"。戈尔德地处山区，古时候道路狭窄，不利于行车，却适合骑马。这一带应该多骑士，跃马上山，驰骋草原，生活充满了浪漫情趣。这可能是普罗旺斯盛产英勇骑士和行吟诗人的主要原因。

闻香瓦伦索勒

这一天我们驱车去瓦伦索勒（Valensole）看薰衣草。在国内时经常听到"普罗旺斯的薰衣草"的说法，来到南法才知道，普罗旺斯不是一个具体的地名，而是 ·个地区的泛称，同时这也是一个历史的名称，名字里含有浓浓的文化蕴意和地域风情。具体说到薰衣草，这一带有好多大片的薰衣草种植地，其中瓦伦索勒片区面积最大。阿维尼翁古城在西，瓦伦索勒在东，我们所住的索格岛离这里更近一点。

一出汽车，一股热浪袭来，头上骄阳似火、晒到身上热辣辣的。现在才是6月底，而南法已

⊙ 石头山城石头屋，石头世界石头情
摄影/段亚兵

经进入盛夏季节。导游告诉我们，薰衣草喜欢炎热天气，天越热，薰衣草长得越好，香气越浓。山区的气温会降低一些，因此薰衣草随着山势走高而慢慢成熟，先是平原上的薰衣草开花，然后慢慢向山区高处发展，花期从6月一直延续到9月，几个月里都能看到紫色的花海……

眼前出现了大片的薰衣草，无边无沿，一望无际，满目紫色，真的是"紫色的花海"。漫山遍野的紫色渲染，确实有海洋般开阔的感觉。我走近蹲在一大株盛开的薰衣草前仔细观察，只见薰衣草茎干是嫩绿的，枝头上骄傲地挺立着长串的紫色小花。薰衣草种植比较稀疏，前后一丛一丛间有一些间隔；左右更是成为一垄一垄

◎ 普罗旺斯是"绿色的世界，紫色的花海"

的，间距更宽。站在花田里，横看为茂密一片，竖看是队列整齐，加上这一带是起伏的山坡，真的像是海水涌动、浪谷波峰的花海。

我们进入花丛中照相。薰衣草花丛很高，娇小女人进入花丛中就被鲜花淹没了半身。照相的人不少，看上去大多数是亚洲人。人们摆出各种姿势，有的穿戴花色衣帽，作与鲜花比美状；有的高高举起纱巾随风飘扬，作浪漫状；有的蹲在花丛中闻香，作陶醉状……人到此地不可能不陶醉，人在花海中不可能不着迷。天气越来越热，但是美色逼退了热浪，我们忘记了炎热，一股微风吹来，身上一阵凉爽，花枝飘摇，香气四溢，这是最舒服、最美妙的时刻。

薰衣草需要热量，天气越热，才能长得越好，香味越浓。普罗旺斯环境很好，绿色笼罩，海洋为邻，天高气清，阳光灿烂普照，大地长年温暖，因此才能长出最优质的薰衣草。薰衣草把太阳的光辉化作高贵的紫色，把热量转化成了浓浓的香气。

身处花海，人就淹没在紫色的波浪中了。花枝绿配紫，花蕾深紫芒，颜色是那样地浓郁、纯粹，我突然想起了"紫气东来"这句话，而眼前的景色是"紫色西艳"。紫色在东西方文化中是高贵的象征，在此地变成了浪漫的情调。

实际上，在法国人心目中薰衣草确实与爱情有关。薰衣草是示好示爱的情绪表露，是沟通爱情的秘密信物。据说花有自己的语言，薰衣草的花语是"等待爱情"。薰衣草的神秘香味会让人进入半梦半醒的朦胧状态、半醺半醉的憧憬时分，因此，薰衣草的故乡会发生许多浪漫的爱情故事，薰衣草的花季是爱情生长的甜蜜日子。由薰衣草见证爱情，寓意不仅牢固而且长远，这可能就是年轻人喜欢到普罗旺斯寻找薰衣草原野的原因吧。

瓦伦索勒每年举办薰衣草节，时间是7月的第三个周日，至今已经举办了24届。节日这天，瓦伦索勒小镇上的一些居民会按照传统将自己打扮成"紫色洗衣妇"的形象。导游告诉我们，法语中的"薰衣草"（lavande）就源自法语"洗涤"（lavage）一词。据说在很久很久以前，当地人发现洗衣服时加入一些薰衣草，不仅衣服洗得更干净，而且会在衣物上留下淡淡的薰衣草花香味。如此说来，人们喜欢薰衣草不仅因为花海漂亮，气味芬芳，而且跟人们劳动创造美好生活的实况也有联系。

游客很乐意参加薰衣草节，分享当地居民的快乐。人们爱不释手地购买用薰衣草制作的精油、香水、香皂、装饰品等，喜不自禁地在以薰衣草花装饰的餐厅里就餐饮酒，兴高采烈地在热闹的街头观看音乐舞蹈表演，兴致勃勃地到农田地头观看薰衣草的收割过程，更有兴趣的游客甚至可以到薰衣草工厂里参观薰衣草精油的提炼过程。

品香法国

在法国观光了解民情，发现法国人特别喜欢追求香味儿，愿意为研究香味花费大力气。如果不相信，只要在法国多看几个香味博物馆，就能得出这个结论。几次到法国，我先后参观了普罗旺斯的薰衣草博物馆、格拉斯的花宫娜香水博物馆、巴黎的香水博物馆等，均留下深刻的印象。

薰衣草香越千年

在薰衣草博物馆里，通过观看图片和影像资料，我们了解了种植薰衣草、制作香皂等洗涤产品的漫长历史。据说，普罗旺斯的香皂是公元前6世纪由古希腊福赛地区的水手带到马赛的，因此该香皂最早被称为"马赛肥皂"（马赛也因此被称为"福赛城"）。也许普罗旺斯人最初对香味的追求就是从马赛皂开始的。薰衣草是制造马赛皂香料的主要来源。博物馆里摆放着各种提炼薰衣草油的生产设备和实验仪器，有的蒸馏器大如立式锅炉，可以迅速处理很多原料；有的带着大轮子，可以方便地拉到花田里就地提取香油原液；有的仪器小巧精致，应该是放在实验室里用于提取薰衣草精油的。

普罗旺斯对薰衣草的培育种植、香料的萃取制作，已有近3000年的历史。漫长的时间不仅没有让居民感觉乏味，而且越来越喜欢薰衣草；薰衣草的产业规模越来越扩大，如今已经成为吸引观世界各国游客的一张名片。

格拉斯香水之都

在尼斯和戛纳之间有一个名叫格拉斯的城市，号称"世界香水之都"。我们在这里参观了花宫娜香水博物馆。"花宫娜"是法国一个拥有300多年历史的香水品牌，行内人称之为"骨灰级"香水品牌。花宫娜创办了世界上第一个香水工厂，除了生产自有品牌的香水，还为香奈儿、迪奥等世界级香水品牌代工制作香水。

通过参观，可以了解到香水的古老生产过程：每天穿着当地传统服装的妇女们，日出之前来到玫瑰等花田里采摘花朵；鲜花运入工厂后，用各式大大小小的水煮锅、蒸馏锅、碾压机，压榨，提炼，萃取香精油液。精油产量非常少，因此价格昂贵。一吨玫瑰花只能提取到1公升精油，价格远超黄金；一公顷田地里的薰衣草只能榨出6公升精油……

精油生产出来后，还要由香水师们精心调配成各种香水。香水师最大的本钱是鼻子，因此他们被称为"鼻子先生"。香水师的工作就是对各种精油嗅闻，挑选，测试，确定各种香水的配方。由于嗅觉在闻过三四种香味后会变得迟钝，需要隔上几小时甚至数天时间才能接着测试，是·个费时费力的工作，因此高档香水卖得贵是有理由的。香水师要花几个月，甚至几年的时间，了解体验数百种精油的香味，不断试验，配出独特香味的香水，起一个好听的名字，投放市场。大部分香水品种可能无人问津，归于失败，成功的只是少数，如果某个品牌被普遍接受，市场热卖，那不光意味着财源滚滚，而且这个品牌会成为天下佳丽的心爱之物。

巴黎香水集大成

2018年，我参观了巴黎的香水博物馆。那次是参加中法品牌高峰论坛，主办单位安排我们这次参观的。博物馆位于巴黎歌剧院附近，设在一个精致的5层楼里。博物馆内容丰富，非常好看。在一间用石块装饰、像地宫一样的房间里，在神秘的气氛中，一位女工作人员给我们讲述香水发展的历史，介绍我们看了许多与香水有关的艺术品。让我感觉这家博物馆学术氛围甚浓，足够专业。

博物馆里设置了各种闻香室。一间厅房里，从地面上"长"出了许多白色的大喇叭花，喇叭花比大铁锅还要大，大喇叭花里可以发出种种香气，在场的人可以闻到相同的气味；另一间闻香室里，天花板上吊下来一排白色的小篮子，其艺术造型让人联想到音乐的旋律。篮子里倒扣着一个个不锈钢小碗，拿起来放在鼻子上，可以闻到各种不同的香味，种类多达几十种。我试着闻了几个，闻到了玫瑰、茉莉花、薰衣草的香味。

看得出来，博物馆里的装饰是请高手设计的，艺术感极强。香味与艺术共处一室，香料与环境相得益彰，品香与历史相伴相随，多么美妙的香味世界，让人进入微醺境界，好像是品尝佳酿老酒。

香水小史

香水的历史最早可追溯至公元前3000年的古埃及。古埃及的法老和僧侣用没药、烈酒和蜜糖制成一种气味芳香、浓烈刺鼻的"可菲神香"——人类历史上最早的香水，用于祭祀仪式，希望召来众神。

富裕的罗马人追求奢华风气，喜欢用香水将房间喷得香香的，住着舒服，也向凯旋军队的军旗上喷香水，表示对军队的敬意。中世纪早期阿拉伯人发明了酒精的蒸馏方法，用于香水制作中，提高了香水的质量。

14世纪，意大利文艺复兴运动中市民阶层兴起，香水开始被广泛使用。这种风尚很快流传到了法国，爱好服装和化妆品的法国人特别热爱香水，成为上流名媛出门不可缺少的时尚用品。16世纪中叶，法国的凯瑟琳·美第奇王妃从老家佛罗伦萨引入戴香料手套的风尚，法国人也养成了在皮革手套上喷香水的习惯。当时能够做出最好手套的城市是南法的格拉斯，兴旺的贸易让这座城市逐渐繁荣，香水业迅速发展。19世纪，法国的香水制造技术日益成熟，人工合成香料在法国诞生，香水的制作不再局限于天然香料，这让香水工业得到迅速发展，法国有了"世界香水之都"的称号。

法国人在香味领域里为人类作出了贡献。一是在香气的技术研究、香水制作的工艺等方面，不断改进和提高，让我们拥有了香味美妙复杂、品类繁复多样的香水。二是培养了人们对香味的兴趣，丰富对多种香味的鉴别能力。品香活动丰富了人们的生活，香味在人间弥漫，让生活变得有趣。巴黎生活风靡欧洲，法国香水卖到了全世界。三是推动了文学的发展，丰富了人们的精神生活。香味给作者以灵感，闻香成为文人们的时尚和雅趣，品香题材丰富了文学的写作内容，文学中香气氤氲，充满了浪漫。

芬芳的世界真迷人。

拾美阿尔勒

阿尔勒（Arles）是个古镇。位于在马赛西北的卡马尔格平原上，罗讷河在这里分岔，形成了一个三角洲。阿尔勒的历史非常悠久。公元前6世纪到达马赛的希腊人，同时来到了阿尔勒，两地毕竟相距不远。后来的罗马人给此地起名"阿尔特"，发展成为重要城市，开设了海军基地。公元前46年恺撒大帝时期，这里成为古罗马军队退休军人定居点，被誉为"高卢人的小罗马"。后来基督教兴起后，这里又成为重要的宗教中心。公元8世纪，阿拉伯人一度占领了该城市。10世纪时阿尔勒演变成勃艮第都城，后成为阿尔勒王国，1289年并入普罗旺斯。1981年，有7座古迹被联合国教科文组织列为世界人类文化遗产，阿尔勒不愧为"艺术历史古城"。

到了阿尔勒，我们首先来到建于公元75年的罗马椭圆形竞技场。竞技场直接开凿于一座山丘北侧的大岩石平台上，直径最宽处136米，有60个拱门，可容纳1.2万观众，是法国最大的竞技场。据介绍，竞技场原来是3层，现在还剩有2层。我们站在观众席上观望，多么雄伟的建筑啊！规模宏大，场地宽敞，与现代的体育场馆相比也不逊色。

竞技场不远的地方还有剧场遗址。观众席顺山势而建，座席共有34排，可容纳1万名观众，但如今只剩下20余排；壮观华美的舞台不见了，只剩下两根10多米高的断柱（据介绍原柱高达20多米）。剧场尽管已成为废墟，竟然还可以使用，市政府会在这里举办一些音乐会。想象一下，坐在古老的石阶座位上，以残断的石柱为舞台背景，倾听优美的音乐旋律，沉浸于远古历史的氛围中，此情此景

◉ 阿尔勒古城广场上有一个小号的方尖碑　摄影/段亚兵

之美妙难以言说。

　　我在欧洲许多地方都看到过类似的竞技场或露天剧场。竞技场是椭圆形的，剧场多是半圆形的，共同的特点是规模宏大。我在希腊雅典卫城山脚下看过一个半圆形的大剧场，剧场顺山势而建，观众席位呈放射形排列，极具气势。当年希腊裔美国音乐演奏家雅尼曾在这个剧场里举办了电子合成器音乐会，其场面之宏伟、音乐之美妙，经过好多年仍然令人难忘。在土耳其的伊兹密尔，我看到过一个巨大的半圆形剧场，虽在历史风雨中已成为废墟，但坚固的骨架尚在。该地还有巍峨的哈德良神庙和规模巨大的塞尔瑟斯图书馆，提醒我们这里曾经是罗马人统治管理的大城市。在约旦"玫瑰之城"佩特拉古城，我也看到过一个更加简陋的古罗马剧场，与在彩色山岩石壁上建造石窟房子一样，露天剧场也是依山势而建，虽然留下的遗迹更少，但残垣断壁还是能够让人想象到当年的宏伟模样。罗马的椭圆形竞技场就更不用说了，数千年过去了，建筑主体依旧大体完好，想当年每逢囚犯与猛兽在场内决斗，此时此刻就变成了罗马全城居民的狂欢节。尽管当年罗马军队建筑作品留存极少，但以此足以真切地领略到古罗马军队高超的建筑技术和强悍的施工能力。

看完古罗马遗迹，我们回到市中心的共和广场。广场中央有座高20米的方尖碑，据说建造于古罗马君士坦丁二世时期，无论是规模还是风格都与埃及的方尖碑相差甚远。方尖碑基座上趴着的狮子雕塑，和座壁上头戴狮子冠帽的人物面容浮雕，倒是给人留下深刻印象。广场北边是市政厅，房屋古旧，建于17世纪。东面是圣托菲姆教堂，建筑风格是罗曼式的，修建的时期应该比方尖碑晚。以上所说的几处建筑物，都列入了世界文化遗产项目。

⊙ 阿尔勒古城的石头建筑
充满了岁月沧桑感
摄影/段亚兵

看完广场，我们四处转转。总的印象，阿尔勒较好地保留了中世纪城镇的风格。街道狭窄，不甚整齐，青石板铺地，不适合行车，却是步行遛弯的好地方。二三层的低矮楼房为多，城镇的高度不算高。旧房子数量众多，新建筑少，还能够明显看出城市对断垣残壁的古迹采取的一些保护措施。例如我看见一截断墙镶嵌在一栋新式楼房的一面墙壁上，该断墙石块砌墙，有罗马圆柱和希腊三角形屋顶，墙面的牌子上写着"论坛会址"，应该是罗马时代的某个会场。

城镇的生活节奏缓慢，居民过着一种休闲、散漫、平和的日子。有的居民在路边的杂货店里购买日用品和蔬菜水果；儿童在草地上快乐地嬉戏玩耍；更多的人坐在露天咖啡厅里喝咖啡，啃法棍，半天时间很快就过去了。

在阿尔勒除了古迹，要算与大画家凡·高有关的几处景点最吸引游客。我看了其中的两处。一处是咖啡馆。我们从共和广场转过来，看到了一家规模较大却样子普通的咖啡馆。导游跟我说，这是凡·高《夜晚露天咖啡座》画中的咖啡馆。虽然墙上也确实写着"凡·高咖啡厅"的字样，但我有些不信：记得几年前我去比利时首都布鲁塞尔，当经过"大广场"附近的一个小巷道时，导游指着路边的一家咖啡馆说，这里是凡·高作画的咖啡馆，当时我信以为真，还拍照片留影，怎么阿尔勒也出现凡·高作画的咖啡馆呢？到底哪个是真，哪个是假呢？

我说出了自己的疑惑。没想到导游早有准备，他从包里翻出一张凡·高画作的明信片，对照着眼前的景观说，你看看这里是不是真的？我一看，景观模样高度吻合，不会有错。只是凡·高画的是夜晚景色，天空中有明亮的巨大星星，而现在是白天，看不出那个效果来，如果有机会晚上再来看看相信能够找回当年的场景。这件事让我明白了：为做生意争名人，国内国外一个样。而仔细想一想就能明白，只有在阿尔勒这样风轻气爽的地方，才会有蓝色天鹅绒似的天空中镶嵌着钻石般繁星的夜空，才能创作出不朽的画作。

另一处是凡·高医院的院子。当年凡·高精神失常割掉自己的耳朵后，就是在这里得到治疗的。我们进入院子里观看，中央有一个小喷泉，种了几棵大树，鲜花盛开，草木葱茏，景色好美。院子的一角摆着凡·高的《阿尔勒的健康之家》画作，对照起来看，画面构图与实际的景观完全一致。我对着导游赞叹说，两百多年过去了，院子和景观竟然保护得这么好，太不简

⊙ 导游极力证明这家咖啡馆是凡·高画中的露天咖啡馆，可惜是白天，感觉不到夜晚的情调　摄影/段亚兵

单了！导游笑着对我说："你又上当了。当年的房子早就损坏了，现在我们看到的是根据凡·高画复原的。幸亏当年凡·高画了这幅画，否则怎么能够恢复原貌呢，又怎么能够每年吸引来大量的游客呢……"听了他的话，我恍然大悟，两人一起哈哈大笑。

文森特·凡·高（1853—1890）是荷兰后印象派画家，代表作有向日葵系列、自画像系列等。凡·高是1888年2月20日、他35岁时从巴黎来到阿尔勒的，在此地只待了一年半时间，但这是他一生中最重要的时期。阿尔勒的美丽风景孕育了他大量的优秀画作，普罗旺斯的灿烂阳光给他的作品注入了快乐的灵魂，他的许多重要作品都创作于阿尔勒。例如：他画了租住于拉马丁广场上的宿舍，起名

◉　阿尔勒凡·高作画的庭院

《黄房子》；创作了《阿尔的吊桥》，阿尔是离阿尔勒数公里远的
小镇；在圣雷米疗养院时，创作了他的代表作——画面奇丽的《星
月夜》；创作的最后一幅作品是《麦田群鸦》。1890年7月，凡·高
在精神错乱中开枪自杀，年仅37岁。

　　绘画大师凡·高的作品对后来的欧洲影响很大，但他生前不被
画界承认，只售出过一幅画，一生贫困潦倒。我曾经在《海洋文明
与大航海时代》一书里写过他的故事。实在没有想到，我会在阿尔
勒重逢大师的作品。

普罗旺斯溯源

普罗旺斯（Provence）是南法一个地区的名称，属普罗旺斯-阿尔卑斯-蓝色海岸大区。古时候此地是罗马帝国的一个行省，其范围几乎包括了整个南法。说起来，普罗旺斯的历史发展与法国北方有些不大合拍。

学术界一般将普罗旺斯地区文明开化的时间定在公元前6世纪初。彼时希腊人来到此地建立子邦国，最早的地点是马塞利亚，即现在的马赛。因此，就法国而言，普罗旺斯是首先向地中海文明圈靠拢的地区。后来继承了希腊文明的古罗马人来到了此地，将普罗旺斯变成了罗马的山外高卢行省，时间大约在公元前2世纪末。罗马帝国的开拓事业蒸蒸日上，势力范围不断扩大，鼎盛时期将环地中海区都变成了罗马的领地，做为罗马行省所在地的普罗旺斯自然近水楼台先得月。公元5世纪时，希腊人在尼斯建起了贸易转运站，罗马人又加建了古堡要塞。马赛则成为繁华的港口和西方研究希腊的主要中心。

罗马帝国崩溃后，该地先后遭到西哥特人、勃艮第人和东哥特人的侵犯。公元6世纪，欧洲大陆上法兰克人崛起，普罗旺斯归属法兰克王国管辖——但仅仅是名义上的，南方并未同北方结成一体。公元10世纪末，加洛林王朝瓦解后，普罗旺斯成为独立王国，此地区的统治者取得了普罗旺斯伯爵的称号。12世纪一段时间里加洛林王朝衰败，巴塞罗那伯爵获得了普罗旺斯伯爵称号，该地区由伊比利亚的加泰隆王朝统治直至1245年。在长达一个多世纪的时间里，普罗旺斯深受西班牙文化的影响。

12世纪前后，普罗旺斯因与地中海沿岸发展贸易而兴旺起来。在经济繁荣的同时，文化也发展很快，一段时间里达到了"登峰造极"的程度。普罗旺斯的文化、文明发展有自己的轨道，成为法国南部的文化中心，许多方面与法国北方的主流文化不太一样。

　　这里重点说一下普罗旺斯的语言和抒情诗歌。普罗旺斯当地的语言叫奥克语，是印欧语系罗曼语族的一种语言，除了南法的普罗旺斯，还通行于意大利的阿尔卑斯山山谷和西班牙的加泰罗尼亚地区。从语言相通上，能够看出这几个地理位置相近的地区在人文方面的天然联系，因此历史上的普罗旺斯一会儿归属意大利，一会儿又与西班牙交好，语言上无障碍应是原因之一。

　　普罗旺斯自然条件之优越世间少有，灿烂阳光下的绿色大地，无垠大海上的繁星夜空，优美环境里的鸟语花香，这样环境里的人一定特别热情浪漫，因此在中世纪孕育出普罗旺斯的"行吟诗人"，出现了独特的抒情诗歌。这类诗歌说的是多情骑士追求优雅贵夫人的浪漫故事，其中以"破晓歌"最为著名。"破晓歌"描写的是骑士与贵妇人一夜温柔缱绻，破晓时难舍难分的情景。诗歌是浪漫的夸张，爱情的宣泄，歌颂的是真实的个人爱情，宣扬追求此岸的世俗幸福生活，抛弃彼岸的未来虚幻世界，反抗中世纪宗教禁欲主义对人性的扼杀。

　　以前我只知道中国的封建社会时期男女，婚姻包办，没有自由的恋爱和婚姻，后来才知道欧洲的中世纪里，也没有个人恋爱婚姻的自由。所以，骑士和贵妇人的爱情才会被肯定和歌颂。甜蜜的爱情是幻想，文字后边隐藏的是绝望和反抗。

　　13世纪30年代，雷蒙·贝朗格五世伯爵成为保护普罗旺斯文化的最后一道屏障，许多人都希望他的女继承人嫁给南方的自己人，但希望落空了。1229年，教皇取得维涅森伯爵领地，1309年，干脆把罗马教皇的大本营搬到了阿维尼翁，于是普罗旺斯又受到了意大利罗马文化的长期影响。

　　英法"百年战争"以法国夺取最后胜利而告终。15世纪末，包括普罗旺斯在内的最后几块贵族领地并入了法国的版图。17世纪，路易十四加强中央集权统治，大力削弱地方贵族的权利，中央政府在艾克斯设立财政区，任命了总督。这成为北方对普罗旺斯实行有效统治的一个标志。18世纪，法国大革命时期，普罗旺斯失去了原来的政治建制，而普罗旺斯的人民群众是拥护法国大革命风暴的，马赛志愿军唱着《马赛曲》前往巴黎支持大革命就是证明。1790年，普罗旺斯省被划分为罗讷河口、瓦尔和下阿尔卑斯等几个省。虽然普罗旺斯不再是一个完整的政治实体，却在一定程度上保留了其经济、社会和文化的一致性。

从此以后，普罗旺斯地区再没有脱离过法国政府铁腕巨掌的有力掌控，其地盘反而有所扩大，此事发生于拿破仑三世统治期间。1858年7月，拿破仑三世与意大利的撒丁王国密谈，表示愿意帮助撒丁王国打败奥地利，统一意大利，交换的条件是法国得到萨瓦和尼斯。在第二年6月的战争中，法、撒联军大败奥军，但在关键时刻拿破仑三世背信弃义，单独向奥地利提出停战协议。拿破仑三世这样做的原因是并不真正希望出现一个统一、强大的意大利，只不过是想借意大利战争削弱宿敌奥地利的势力罢了。撒丁王国虽知上了大当，但用来交易的土地却要不回来了，尼斯就是这样变成法国领土的。

普罗旺斯的发展道路十分曲折。但人为制造的障碍和灾难，没有影响普罗旺斯是一块上天特别宠爱的秀水宝地，也是世界各国游人最为喜爱的旅游度假胜地。

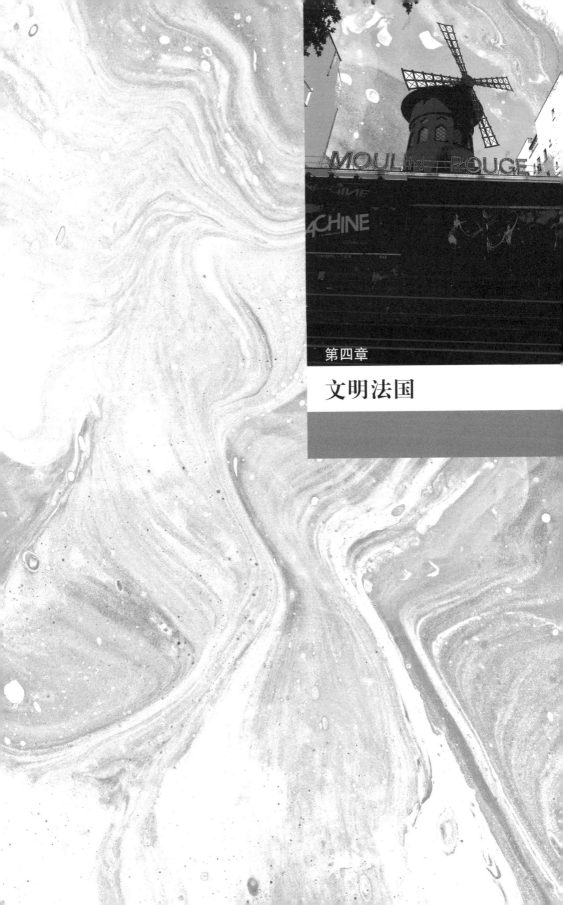

第四章

文明法国

塞纳河畔的咖啡馆

左岸的咖啡馆

塞纳河将巴黎市区分为两半。右岸——也就是北岸，是巴黎的政治经济中心。公元14世纪起，西岱岛实在不够用了，岛上的居民开始逐渐移居到塞纳河两岸。法王查理五世将王宫迁往右岸的浮日广场、卢浮宫、万森城堡。经济总是跟着政治走，商业经济也就蓬勃发展起来。

左岸——也就是南岸，则是教育文化中心。这里有3所大学：索邦大学（起源于巴黎大学）、三语大学（后改名为法兰西大学）、四国学院（起源于法兰西学院）。由于当时拉丁语是官方确定的教学语言，因此学院用拉丁语教学，师生必须用拉丁语写作、交谈，所以这个区域也称为拉丁区。

17世纪，路易十四搬到了凡尔赛宫，左岸成为从巴黎去凡尔赛宫的必经之路，于是发展的机会来了，达官新贵、社会名流纷纷来此建造公馆，左岸进入了黄金发展期。由于左岸教育文化设施多，知识分子众，与右岸在王宫府邸、商业大街里工作居住的达官贵人富豪对比明显，人们评价："右岸用钱，左岸用脑。"另外还有一

⊙ 塞纳河上的亚历山大三世铁桥　摄影/段亚兵

句调侃的话：你在左岸散步时可以随便一些，碰到你身边匆匆而过的行人也不要紧，因为他们不是教授就是学生；而在右岸走路时就要小心翼翼，千万不要踩着旁人的脚，因为这只脚可能是银行家的脚，脚上的高级皮鞋价值不菲。

做为文化区，左岸有众多的博物馆、美术馆、书店、出版社、小剧场等文化设施，和数不清的咖啡馆、酒吧等，整天坐满了学者和文化人。概括说，左岸是文化大观园，文化机构和设施如花草园里百花争艳，文化气象如湖泊深渊不知深浅，文化名人多如过江之鲫，文化成果如夜空繁星。蔚为大观的文化现象不知从何说起，在有限的篇幅里只说一下咖啡馆文化吧。

在最古老的圣日耳曼教堂周围，有一家开业于1887年的花神咖啡馆，也叫弗洛咖啡馆（弗洛是法语fleur（花朵）的不同翻译法，前者是意译，后者是音译）。咖啡馆红地毯铺地，摆着古典桌椅，显得贵气又高档。该咖啡馆之所以出名，是因为著名哲学家萨特和

他的情人波伏娃几乎天天在这里消磨时光。咖啡馆的菜单上印着萨特"自由之神经由花神之路……"的语录，似乎是说他的思想火花只有在花神咖啡馆才能不断迸发。这是极高的褒扬，怨不得咖啡馆将此话写在菜单上招揽顾客。自1994年始，花神咖啡馆设立了花神文学大奖，以奖励法国的文学新秀。

离花神咖啡馆不远处有一个名叫"双叟"的咖啡馆。所谓"双叟"，是馆内有两个中国古代人物的木制雕像，高高地安放在墙头柱子上。一个头戴帽子，挽着袖口，像是干活的人；另一个戴着一串佛珠，可能是出家人。雕塑制作考究，人物形象栩栩如生，看起来挺有意思。这是用中国文化元素吸引顾客。咖啡馆已有200多年的历史，而这两座雕像自开馆时就有。当时的法国人羡慕东方的富有，感觉中国神秘，对其有兴趣。那时法国上演了一出名叫《两尊来自中国的雕像》的戏剧，也许这两座雕像就是这出戏里的道具吧。该咖啡馆一直是巴黎文人、知识精英的聚集地，自1933年以来，咖啡馆设立了法国小说双叟文学奖，奖励文学青年。

当然，巴黎著名的咖啡馆不仅限于左岸，右岸也有。例如在巴黎歌剧院附近有一家著名的和平咖啡馆，开业于1862年。那时的一段和平时间是发展的黄金时期，欧洲人称之为"美好时代"。和平是美好的，和平带来繁荣，和平咖啡馆是那个时代的象征。当时的文艺人士、政治人物常常在此聚会。我比较熟悉的作家有写《小酒店》《娜娜》的爱弥尔·左拉、写《羊脂球》《俊友》的居伊·莫泊桑、写《快乐王子》《夜莺与玫瑰》的著名英国作家王尔德等，都是这里的常客。二战结束后，总统戴高乐专门来到和平咖啡馆喝下第一杯咖啡以庆祝和平到来。和平咖啡馆的装修十分豪华，有皇家宫廷的感觉，而坐在露天座位区感觉更好，饮杯浓香的咖啡，抬头望见雄伟的巴黎歌剧院，那一刻更加明白了巴黎生活的迷人之处。

文学是人学，搞文学创作就要接触人，了解人，研究人。咖啡馆里人来人往，能够接触到社会的三教九流，利于细致观察生活；也方便与身旁的人聊天，探寻他人的人生秘密；咖啡还能提神，解除疲劳，清醒头脑，时时触动作家的灵感。因此咖啡馆成为"文学沙龙"式的场所是有充分理由的。

波蔻咖啡馆里的巴尔扎克

据说波蔻咖啡馆是巴黎第一家开张的咖啡馆，位于左岸的拉丁区，离巴黎圣母院不算太远。喜欢来该地喝咖啡的文化名人非常多，如启蒙运动的领军人物伏尔泰、卢梭、狄德罗，法国大革命的三巨头罗伯斯庇尔、丹东和马拉等。当拿破仑一世还是一名年轻军官时，也曾在这里品尝咖啡，因囊中羞涩没钱买单，留下自己的军帽做抵押品。

巴尔扎克是这里的常客之一。之所以重点讲巴尔扎克的故事是因为我真喜欢他的作品。在喝咖啡方面，巴尔扎克可能也会排名第一，据说他一生喝了3万杯咖啡。传说年轻的巴尔扎克每天出门前要在桌上留一张纸条给家人："我不在家，就在咖啡馆；不在咖啡馆，就在去咖啡馆的路上。"他没有咖啡无法写作，一杯咖啡落肚才能妙思泉涌。巴尔扎克对咖啡的依赖，让我想起了李白对美酒的迷恋。杜甫说："李白斗酒诗百篇，长安市上酒家眠。"咖啡和美酒让两人分别变成了大诗人、名作家。

奥诺雷·巴尔扎克（1799—1850），法国图尔人，被誉为"现代小说之父"。他的代表作是以《人间喜剧》冠名的系列小说，由近百部作品组成，书中的人物多达2000多个。巴尔扎克精力过人，每天能连续写作18小时，靠50杯咖啡保持精神亢奋。他一方面夸奖"咖啡像引擎开动一样推动写作"，另一方面又抱怨自己是"笔墨的囚犯"，别人却评价他是"文学界的拿破仑"。《人间喜剧》中人物丰富，许多形象极独特，令读者终身难忘。例如，赚钱手段狠毒却对女儿变态溺爱的高老头、赚钱手段高明却吝啬到难以想象的葛朗台、野心勃勃却奋斗成功的乡村青年拉斯蒂涅、犯罪高手摇身一变成为警察局长的伏脱冷等。

巴尔扎克51岁英年早逝，是世界文学事业的一大损失。在其葬礼上大作家维克多·雨果纪念道："他是祖国最灿烂的一颗明星。"

巴黎圣母院与雨果

我们从左岸进入西岱岛，参观巴黎圣母院。眼前的巴黎圣母院身姿雄伟，高耸挺拔，灰白色的石材墙壁典雅高贵，雨果赞叹其为"石头的交响乐"。

巴黎圣母院是欧洲最著名的中世纪哥特式大教堂，始建于1163年，建筑工期长达百余年。该教堂之所以闻名于世，是因为它是欧洲建筑史上一个划时代的标志，采取新式的建筑方法，一扫老式教堂笨重粗俗、低矮空间的旧模样，通过创造出一种全新的轻巧

⊙ 笔者在巴黎圣母院前留影

骨架让教堂笔直向上，空间升高了，光线充足了；大窗户的彩色玻璃上绘制着圣人们的故事，空旷向上的教堂尖顶方便了教徒们与上帝的直接沟通。从此以后这种新的建筑式样风靡基督教世界。

后来我们在塞纳河里乘船观光时，又一次经过巴黎圣母院，游船在教堂后面掉头返航。从后面观看感觉有些不同，教堂仿佛变成了一艘巨轮，建筑两边的长排飞扶壁斜着伸出来，像是古老大船两边的成排大划桨，排桨齐动推动着巨轮乘风破浪向前行。

站在巴黎圣母院的广场上，自然会想起雨果的名著《巴黎圣母院》。仰望大教堂屋顶上的大钟会想起敲钟人卡西莫多，在广场上溜达时仿佛能够看见爱斯梅拉达美丽的身影。学界将1827年雨果在剧本《克伦威尔》中写的长篇序言，视为浪漫主义文艺的宣言。1831年《巴黎圣母院》出版，使雨果声名远扬，这部小说也是他浪漫主义小说的代表。雨果提出的主张是：不要公式化地而是具体地表现情节，滑稽丑怪与崇高优美对照的原则等。《巴黎圣母院》就是一次成功的实践，雨果令人信服地证明了自己观点的正确。

维克多·雨果（1802—1885），法国贝桑松人，父亲是拿破仑军队中一位将军。他是法国19世纪前期积极浪漫主义文学的代表作家，人道主义的代表人物，被誉为"法兰西的莎士比亚"。雨果的创作历程长达60余年，其作品包括26卷诗歌、20卷小说、12卷剧本、21卷哲学论著，共79卷，是令人羡慕的高产作家和诗人。

雨果的代表作是《巴黎圣母院》和《悲惨世界》。两本书比较，我更偏爱《悲惨世界》一些。后部书写于1862年，书中揭露了资本主义社会的尖锐矛盾和贫富悬殊，提出了当时社会的三个迫切问题：贫穷使男子潦倒，饥饿使妇女堕落，黑暗使儿童羸弱。他在书中表现出对下层人民痛苦的深深同情，很能拨动读者的心弦。

雨果宣扬人道主义，富有同情心，深得民心。文学评论家萨特评价他是法国"极少数的真正受到民众欢迎的作家之一，可能是唯一的一位"。作家罗曼·罗兰赞誉他说："在文学界和艺术界的所有伟人中，雨果是唯一活在法兰西人民心中的伟人。"

雨果的正义感和同情心还表现在痛斥英法军队抢劫圆明园的丑事上。他在一封信中说："在世界的一隅，存在着人类的一大奇迹，这个奇迹就是圆明园……只要想象一种无法描绘的建筑物，一种如同月宫似的仙境，那就是圆明园；假定有一座集人类想象力之大成的宝岛，以宫殿庙宇的形象出现，那就是圆明园……人们一向把希腊的巴特农神庙、埃及的金字塔、罗马的竞技场、巴黎的圣母院和东方的圆明园相提并论……这一奇迹现已荡然无存。有一天，两个强盗闯进了圆明园。一个强盗大肆掠劫，另一个强盗纵火焚烧……这两个强盗一个叫法国，另一个叫英国。"

只有站在人类共同文明的制高点上，才能对让法国获得巨大好处的卑鄙行为有这样清醒的认识；只有拥有伟大的胸怀、无畏的胆略，才敢于以法国公民的身份痛斥自己的政府。雨果应该得到中国人的尊敬。

1885年83岁的雨果逝世，法国举国致哀，将其安葬在先贤祠。

卢浮宫的镇馆之宝

卢浮宫小史

卢浮宫（Musée du Louvre）位于巴黎市中心塞纳河的北岸，地处从星形广场穿过香榭丽舍大街直到卢浮宫这条中轴线的最东头。

卢浮宫历经6个多世纪，是法国历代国王接力修建的浩大工程。该建筑始建于13世纪初的1204年，始建者是腓力二世，就是在法国卡佩王朝时与英国的金花雀王朝打仗的那位法王。在1214年7月的战争中，由于法军获得布汶大捷，他被赠予"奥古斯都"（意为神圣、高贵）的称号。腓力二世当时决定建筑的卢浮宫，实际上是一个军事城堡，用来存放王室的档案和珍宝。

16世纪时弗朗索瓦一世拆毁了旧宫，在原址重建了文艺复兴式样新宫殿。弗朗索瓦一世被认为是法国第一位文艺复兴时的君主，在他的统治下法国文化事业取得了长足的进步。

17世纪时亨利二世（弗朗索瓦一世的儿子）建造了卢浮宫最壮观的部分——长达300米的大画廊，将卢浮宫与杜伊勒里宫连接起来。再晚些时候，路易十三改建了卢浮宫的东部建筑。路易十四修建了正方形庭院，扩充了画廊。

◉ 金碧辉煌的卢浮宫　摄影/段亚兵

18世纪，法国大革命爆发，革命者在卢浮宫院子里建了一个断头台，宣布卢浮宫归属人民大众，1793年8月10日，卢浮宫艺术馆正式对外开放。6年后拿破仑一世成为卢浮宫的主人，改建了宫殿的两翼，院子里增建了拱门，拱门顶上安放着从威尼斯圣马可教堂抢来的群马雕像，卢浮宫的名字一度改为拿破仑博物馆。

19世纪，拿破仑三世再一次大兴土木，扩建卢浮宫，5年内新建的建筑比以前700年里建筑的数量还要多，在他任上，卢浮宫的整体建筑计划才算最终完成。

1982年，法国总统密特朗邀请著名建筑师贝聿铭，在拿破仑庭园里建成了4座（1大3小）玻璃金字塔作为入口处，以地下通道的方式连通了3幢主要侧翼楼，不但增加了服务设施，大大方便了观众，而且玻璃金字塔的外形给古老的卢浮宫也增加了现代感的光彩。

现在我们见到的卢浮宫建筑分为新老两部分，它的整体建筑呈

"U"形。卢浮宫设有200多个陈列室，分为希腊、罗马艺术部，埃及和圣像艺术部，雕刻艺术部（包括中世纪、文艺复兴、现代几个时期），绘画艺术部，家具和装饰艺术部等。卢浮宫收藏的艺术品多达400万件，陈列面积达5.5万平方米，日常展出的展品约2.5万件。

卢浮宫是法国人的骄傲

卢浮宫的建筑只是一个躯壳，博物馆里的藏品才是人类文明的精华珍品。历代的法王为丰富馆藏做出了自己的贡献，其中弗朗索瓦一世和拿破仑一世尤为突出。

弗朗索瓦一世深受文艺复兴思想的影响，痴迷于意大利艺术，花费巨资大量购买油画等艺术品。他甚至为此在意大利雇佣了一帮人，专门为他收购意大利文艺复兴时期艺术巨匠的作品，例如米开朗琪罗、提香、拉斐尔等人的作品。他还成为许多艺术家的支持者和保护人，鼓励艺术家来法国居住和创作，其中包括列奥纳多·达·芬奇。当达·芬奇来到法国时带着他的一些最优秀的作品，其中包括油画《蒙娜丽莎》，给法王宫廷留下了许多作品。最后，达·芬奇是在弗朗索瓦一世怀抱中去世的。以前的卢浮宫主要作为军事城堡，并没有收藏多少艺术品，是弗朗索瓦一世开创了法国王室大量收藏艺术品的先河。

拿破仑一世给卢浮宫增加的文物宝藏在历史上是空前绝后的。十几年时间里，他带领着强悍的法军横扫欧洲，军事占领的同时是宝藏的劫掠。吃败仗国家的王宫、教堂、博物馆里的艺术品被一扫而空，全部运回"拿破仑博物馆"（即卢浮宫）。这种野蛮的行径，直到滑铁卢一战中法军惨败才停止。战后欧洲德意西荷等国上门来讨要自己的宝物，只拿回去了5000件艺术品，还是有许多宝贝被法国以种种借口留在了法国。卢浮宫由此成为世界博物馆之最。

按照专家的说法，世界有"五大博物馆"，包括法国的卢浮宫、英国的大英博物馆、美国的大都会博物馆、俄罗斯的埃尔米塔什博物馆（即圣彼得堡的冬宫）、中国北京的故宫博物院。这五大博物馆我都参观过，有的参观不止一次。就我的感觉而言，五大博物馆相比确实有一些不同特点。

一是建筑不同。其中北京故宫博物院、卢浮宫、冬宫原来都是皇家宫殿，建筑本身就是文物。大英博物馆和大都会博物馆，则是按照博物馆的要求建设的，自然更符合博物馆的专业用途。虽说这两个馆的建筑年代没有前三个皇宫那么久远，但一个建于1823年、另一个建于1870年，也都是一百多年的老建筑了。就建筑本身相比较，卢浮宫

⊙ 卢浮宫中的石雕像非常有质感，感觉像真人一样
摄影/段亚兵

金碧辉煌，美轮美奂；冬宫富丽堂皇，极其精致；故宫雄伟庄严，帝王气象；大英博物馆雍容雅典，贵族风范；大都会博物馆气势宏大，平民风格。各有优点，风采迥异。

二是藏品数量。卢浮宫的藏品超过400万件，虽然数量不算最多，但是藏品价值极高，因此成为博物馆之首；大英博物馆的藏品超过800万件，藏品数量第一；冬宫博物馆藏品200多万件，显示出俄罗斯近代迅速崛起的实力；大都会博物馆藏品数量330万件，作为后来者馆藏之丰富令人惊讶；故宫博物院拥有168万件珍贵文物，藏品最少，但故宫的馆藏数量要考虑另外一些因素：一些藏品存放在

台北"故宫博物院"内，还有很多藏品被西方列强抢劫到了他们的博物馆里。

五大博物馆里前四个是世界公认的具有世界性文物收藏的博物馆，故宫博物院主要收藏的是中国自己的文物藏品。故宫博物院的一位领导说，故宫博物院里没有一件藏品是从国外抢来的！这句话既说明了故宫博物院馆藏的一个特点，也反映出中国近代一百多年里被西方列强侵略抢劫、国运衰败的历史真相。博物馆虽小，却是文化历史的聚焦点，是反映一个国家国力强盛或者衰落的镜子，从中能够找到一个民族文化上升或沉沦的线索。

当然，从人类共同文明的角度说，这些馆藏都是世界文化的瑰宝，是人类文明的精华。卢浮宫位居世界四大博物馆之首，是人类最精美的艺术品宝库，法国人以它为骄傲是很自然的事情。

三次参观卢浮宫

我参观过卢浮宫三次，时间跨度有20来年。

第一次参观卢浮宫给我印象最深，当时的景象还历历在目。我们都被卢浮宫豪华的宫殿建筑和数量巨大、价值珍贵的馆藏震撼了。那一次当地的导游是一位华人女士，身材娇小玲珑，面容清秀，好像是江南一带的女子。她专业知识深厚，讲解得十分细致。我们的参观是从人类第一个人头石头圆雕像开始的。这个石雕脸上的五官很简单，但由于是人类最早的雕塑之一，因此其重要地位不言而喻。接着从简单到复杂，从小件到大型，从表情呆板到栩栩如生，一直看到了希腊、罗马馆的众多雕塑。

第二次到卢浮宫，给我们当导游的是一个华人小伙子，大学毕业不久。我先跟他聊了几句，了解到其家族来到法国已经三代了。爷爷来时做苦工，爸爸时开了一件杂货店，前两辈一门心思赚钱，为立足而打拼，为生存而奋斗。到第三代时家境已经不错，开始注

◉ 《自由引导人民》油画是为纪念1830年法国
七月革命而创作的一幅油画　摄影/段亚兵

重对孩子的教育培养，让他从小上法国的名牌学校。这孩子酷爱艺术，报考了巴黎一家艺术大学。上大学期间，老师带着学生经常来到卢浮宫上课学习，临摹写生，因此他对博物馆的许多艺术品熟若家珍，当导游应该是大学毕业实习期间的兼职工作。

　　导游带领我们从希腊、罗马馆开始参观，讲解古希腊古罗马雕塑的特点。他仔细地解释古希腊的石雕为什么达到了古代世界的最高水平，工匠擅长将男人身上的肌肉雕刻得自然健美，富有弹性；能够将女人身上的纱衣雕刻得薄如蝉翼，垂坠飘逸，他们是怎么做到的？导游在给我们讲解的过程中，往往自己会陷入一种沉浸在艺术妙境中的精神状态，脸上表情热烈，时不时吹出一声兴奋的口哨。从他的讲解神态中，我知道这位华裔小伙子对欧洲艺术的热爱深入骨髓，他对欧洲文化的理解可能超过许多法国白人。这位小伙子是一个文化使者，他能够在中法两国文化的沟通方面大显身手。

第三次到法国是2018年5月参加中法品牌高峰论坛会议期间。我们到巴黎时卢浮宫正闭馆整修，主办方在法国路子很广，他们联系博物馆专门为我们开放了几个展馆。那天参观时，整个卢浮宫空荡荡的，只有我们十多个游客。陪同参观的是博物馆的一位负责人，不大懂汉语，没法为我们详细讲述。但也没关系，那天看的内容其实我们都已经比较熟悉。由于没有众多人流的影响，想看什么就看什么，感觉很爽。我们在"镇馆三宝"前逗留很久，特别是近距离地欣赏到了油画《蒙娜丽莎》。记得前两次观看时，油画前挤满了观众，我都是远远地看了一下就算了，这次近距离接触、饱了眼福。

下面重点说说"镇馆三宝"的故事。

断臂维纳斯

《断臂的维纳斯》还另有一个名字叫《米洛的维纳斯》，由它被发掘于爱琴海希腊米洛斯岛上而得名。该雕塑的石材是大理石，雕刻的时间约于公元前150—公元前50年间，雕刻者是古希腊的雕刻艺术家亚历山德罗斯。雕像是古希腊罗马神话中掌管美与爱的女神的形象。古希腊神话与古罗马神话同源融合，说的是希腊奥林匹斯山众神的故事，但神的名字有所不同。此女神在希腊神话中称阿佛洛狄忒，而在罗马神话中叫维纳斯。神话故事说，因为特洛伊王子帕里斯将金苹果判给了爱神，爱神为报答王子，帮助他拐走了斯巴达国王墨涅拉俄的妻子、全希腊最美的女人海伦，结果引起了希腊人远征特洛伊的十年战争。艺术家的雕刻技巧达到了极致，石雕丰满而圣洁，优雅而高贵，成为雕塑中的极品。

听着导游的解说，我们仔细地观察雕塑。该石像身高2.04米，体形修长，鸭蛋圆脸，高直鼻梁，前额丰满，下巴润滑，秀发后梳，面容娇美，神情端庄，是典型的希腊美女；衣衫滑落至髋部，上半身完全裸露出来，尽显女性的完美身材；上身右倾，左腿屈膝，姿势极优美自然，将女性特有的曲线美表现得淋漓尽致。

《断臂的维纳斯》的重点在"断臂"，左臂全无，右臂也只剩下一小节。但奇特的是断臂一点也没有影响石雕的美感。据说出土时双臂还没有断掉的维纳斯，右臂下垂，手抚长裙，左臂上举，握着一只苹果。曾经有许多艺术家想把断臂再续起来，但是做了无数个方案，没有一个方案能够给石雕增加美感，因此作罢。断臂之美成为石雕最难解的谜。

石雕发现于1820年。有一天米洛岛上的一个名叫伊奥尔科斯的农民挖土时发现了这尊石雕，其优美的形象令众人赞叹不已。法国驻米洛领事听说此事后找到农民处，表示愿意以高价收购，农民高兴地答应了。由于手头没有足够的现金，领事回去筹款。

⊙ 《断臂的维纳斯》雕像是卢浮宫的三件镇馆之宝之一　摄影/段亚兵

在此期间，一个希腊商人买下石雕装船准备运走。法国人不干，驱军舰前往夺宝。双方大打出手，结果雕像的双臂被打碎。此事惊动了当地政府，经审理判决由法国人购买，最后雕像进入了卢浮宫。雕像的到来让全法国人兴奋不已，法国雕塑大师罗丹赞叹说："这简直是真的肌肉，抚摸她可以感到体温！"

残缺的胜利女神

该石雕的全名是《萨莫色雷斯的胜利女神》，是古希腊雕塑家约于公元前190年创作的，两千年后的1863年从萨莫色雷斯岛的一座

⊙　《胜利女神》雕塑是卢浮宫的三件镇馆之宝之一　摄影/段亚兵

神庙废墟中发掘出土。推测在当时胜利女神像竖立在该岛海边的悬崖上，头顶蓝天清空，面对茫茫大海，迎着海洋长风，保佑勇敢者取得胜利。

我们站在女神像前慢慢欣赏。该石雕高3.28米，女神脚下有石座，石座是一艘正破浪前行的战船船首，女神已无头无手，但身后有一对大翅膀正展翅欲飞。女神丰满的胸部向前挺出，身上披着的纱裙长衣迎风飘逸，衣衫又轻又薄遮不住丰满而富有弹性的身躯，身材苗条却仿佛拥有雷霆万钧的力量。坚硬的石头雕出了真实丝绸般透明轻柔的质感和蝉翼纱衣复杂自然的褶皱叠层，雕塑家这种鬼斧神工的精湛雕刻技术真让人不可思议。

导游考了我们一下说："女神的翅膀一真一假，你们看看能不能区别出来？"我们仔细对比一下，确实感觉不一样，左翼显得更矫健，漂亮。导游说："你们看得对，右翼是用石膏做的复制品，很难有石头那种坚硬细腻的质感。"对比之下，才让我们更加明白了古希腊雕塑家令人惊叹的功力。

既然名叫"胜利女神"，应该与战争有关；女神站在船首，应该跟海战有关；再考虑到雕像出土的地方是萨莫色雷斯岛，海战之说更有道理。但是好斗的希腊，曾经在家门口的爱琴海面上打过无数次的海战，雕像纪念的是哪一场海战呢？

既然考古学家认定这个雕像是公元前2世纪的作品，那么查一下与这个时间比较相配的海战有两场，两场战役都与雅典当时的执政者德米特里姆斯有关。第一战是公元前305年，他率领雅典海军攻打罗德岛，兵力以多欺少，但围攻一年时间没有攻下来，最后灰溜溜地回去了；第二战是公元前306年，他又率领雅典海军与埃及的托勒密海军在萨拉米斯岛附近的海域打了一战，这一次德米特里姆斯指挥得当，大获全胜。

但是这两场战役发生的地点，都与石雕出土的萨莫色雷斯岛距离不算近。罗德岛在希腊与塞浦路斯岛的中间，位于爱琴海的东南面；萨拉米斯岛则在希腊西面的海域；而萨莫色雷斯岛却在希腊东北的海域。三个岛是一个大三角形，互相距离比较远。

既然距离遥远，萨莫色雷斯岛的雕塑家会叙说海战的事情吗？这就需要从更广阔的历史背景去考虑这个问题。当时属于希腊化时代，一代英雄亚历山大大帝英年猝死。他用马其顿长矛和先进兵团战术打下的帝国，被手下的几个将军瓜分了。其中安提柯一世控制着小亚细亚、叙利亚一带的大片领地，托勒密占领了埃及。德米特里姆斯是安提柯一世的儿子，驻守雅典。两场海战就是安提柯一世与托勒密争权夺利的战事。虽然海战不是在萨莫色雷斯岛附近打的，但该岛属于安提柯一世的地盘，安排雕刻家在该岛上搞创作不是没有可能。那么石雕说的是哪一场海战呢？我猜想可能是后一场，因为第一战劳而无功，第二战取得大捷，叙说这场得胜战役的故事，才能让掌权者和艺术家心里感觉高兴吧。

或者还有另一种可能：虽然叫胜利女神像，但是跟海战没有关系。萨莫色雷斯的胜利女神（Niké de Samothrace）之"尼凯"（Niké）就是希腊神话中的胜利女神，在罗马神话中她的名字叫"维多利亚"（Victoria）。"胜利"是一个广义词，不一定指的是海战一类的战争。在神话传说中，尼凯曾协助宙斯战胜提坦巨人，赢得了胜利。美国运动品牌NIKE就是借用女神的名字，希望在世界运动市场上不断获取胜利。

神秘的蒙娜丽莎

《蒙娜丽莎》油画单独放置在二楼一个画厅里，而且被镶嵌在墙壁内的一个玻璃框内。由于场地不算大，观赏者众多，画前经常挤满了人。我第三次到卢浮宫才有机会近距离地欣赏画作。

《蒙娜丽莎》不算大画，长77厘米，宽53厘米，作品画在一块杨木板上。该画画的是一位名叫蒙娜丽莎的年轻贵妇半身像。只见画中的蒙娜丽莎，椭圆的脸型，宽宽的前额，梦幻般的双眸，显得端庄而典雅，安详而从容，快乐却略带忧虑，美丽而不妖娆，富态却不肥胖，属于那种"增一分则胖、减一分则瘦"的恰到好处、十分和谐的艺术形象吧。

人们说得最多的是"蒙娜丽莎的微笑"。她表情安静，态度平和，嘴角微微上翘，似笑非笑。评论者对这笑容感觉奇妙而着迷，说这是"神秘的微笑"。那种心无杂念、纯真无邪的笑，是心中快乐、喜上眉梢的笑，是与人为善、会心一笑的笑。

作画者是意大利"文艺复兴三杰"的达·芬奇。画中模特可能是一位名叫弗朗西斯科·乔康多的佛罗伦萨商人的妻子。据说，达·芬奇接了人家的订单且收了定金，但是画着画着被自己的画给迷住了，他想赖账，不想交货，于是带着此画跑路了。达·芬奇来

◎ 达·芬奇的油画《蒙娜丽莎》
是卢浮宫三件镇馆之宝之一
摄影/段亚兵

到巴黎成为法王弗朗索瓦一世的御用画家，法王也特别喜欢这幅画，一直把它带在身边，珍藏在枫丹白露城堡里，直到路易十四把这幅画放置在了卢浮宫。

这幅画之所以成为卢浮宫的镇馆之宝、世界最有名的画作之一，可能有以下几个原因。一是它是达·芬奇作画技巧最成熟时期的作品，是他花费心血，用尽心思创作出来的代表作。从绘画角度说，这幅作品体现了画家所开创的"多层渲染"精湛技法，朦胧的景色，多层次的色阶，颜色之间浑然一体，具有佛罗伦萨画派的突出特点。二是该画是文艺复兴时期最有影响力的作品，成功地塑造了城市有产阶级妇女的形象，具有资本主义上升时期女性特有的自信与从容。人走上坡路时，朝气蓬勃、容光焕发；走下坡路时，垂头丧气，脸上无光。因此，很多时候人的精神气质比容貌品相更重要。三是从心理学的角度看，这幅画也堪称是绝品。《蒙娜丽莎》无论男女都喜欢。对男人来说，《蒙娜丽莎》是理想的女神典范、完美符号；对女人来说，这幅画是女性高贵典雅风貌的永恒展示。

这就是《蒙娜丽莎》神秘微笑的魅力，是这幅油画前总是挤满观赏者的秘密。

蒙马特艺术风情

蒙马特之地

蒙马特是一处高地，也是一个很有故事的地方，我曾经去过两次。

蒙马特的历史悠久，最早出现在法兰克时代的墨洛温王朝，当时的地名叫"蒙斯马蒂斯"（中文意为"战神的山丘"），中世纪时，名字变成了蒙马特，含有"烈士之山"的意思。

1860年前的蒙马特是乡间农村，有茂密的森林、绿色的原野、大片的葡萄园、日夜转动的磨坊风车。这一年蒙马特被划归巴黎，成为城市最年轻的一个区。百年时间不足以彻底地改变它原来的乡村面貌，因此这里的景观与巴黎闹市区有很大的不同，乡间淳朴与繁华风光并存，土木建设与艺术繁荣齐飞。一方面，这一带蜿蜒曲折的小路，低矮简陋的房屋，保留着许多乡间自然质朴的风尚，居民生活不脱朴素无华的本色。一方面，由于这里生活成本低，许多刚开始学艺练手的穷画家来此定居，租一间便宜的房屋，在门前支起了画板，日夜写生作画，于是涌现出了一批著名的画家。一方面，为了吸引有钱人来此销金，也因为地偏政府远，管理松懈，夜

⊙ 蒙马特山顶上的圣心大教堂极具建筑美感　摄影/段亚兵

总会行业畸形繁荣起来，其中最有名的是红磨坊歌舞厅。

　　就观光景点而言，这里也有一些可去之处。我们先登上圣心大教堂。该教堂建筑有罗马式的圆顶，是拜占庭式的风格，外貌雄伟壮观，别具一格，教堂内有许多精美的浮雕和壁画。该教堂在宗教界地位很高，据说供奉着耶稣的圣心。这里是蒙马特的制高点，是巴黎著名的地标之一，我们站在教堂前可以俯视大半个巴黎城区。教堂前有一个广场，花团锦簇，绿地如毯，鸽子飞旋觅食，喂鸽人与鸟同乐。

　　接着我们来到了爱墙。这是一堵深蓝色的瓷砖墙，上面用白色的笔墨写满了各国的文字。导游说，墙面上的文字有280多种，众多文字只表达一个意愿：我爱你。导游给我们翻译了其中一些爱情话语的意思，有一句写的是："爱是混乱，去爱吧。"另一句说：

"爱是理智，莫强求。"我注意到左面有一句中文"我爱你"，写的是繁体字，又是竖排，应该是海外华人的留言。

看着爱墙，我想起我去过的一些城市河流上的大桥，桥的栏杆上密密麻麻挂满了连心锁；我也攀爬过一些名山大川，险峻山路的栏杆上的连心锁也挂得满满登登，就是想要表达追求甜蜜坚贞爱情的决心。爱情是普世的、永恒的话题。人们把爱情的誓言公开写在墙上，将连心锁的钥匙丢入桥下河流、悬崖沟壑里，表达的是两心相爱、两情相悦、厮守一生的心愿；追求的是执子之手、与子偕老的感人之情；宣示的是连心锁锁上了就永远不再打开的决心。但现实生活中，相当多的一些爱情难保其无瑕的纯真、芳香的新鲜和坚贞的永恒。尽管如此，人们还是愿意苦苦等待，终身追求，因为纯洁的爱情是人性中最美好、最温馨的情感。

艺术人之家

我们来到了小丘广场，此地离圣心教堂不远。小丘广场是艺术人的聚集地，世界著名的大画家达利、凡·高、雷诺阿等都曾在这里落脚。达利是西班牙超现实主义绘画大师，我曾在西班牙的菲格拉斯参观过他的展览馆，在前著中写过他的故事。凡·高是荷兰印象画派画家，把向日葵画得像火焰，把星空画得像大海的漩涡，在本书阿尔勒一文里写过他的故事。雷诺阿是法国印象派的重要画家，他的《游船上的午餐》等作品，画面光亮透明，场景欢乐浪漫，让人非常喜欢。

蒙马特不仅因为居住成本低廉，生存容易；也不仅因为景色生态多样，写生内容丰富；最重要的原因可能是画家扎堆，互相借鉴，让此地成为创作灵感喷涌不绝的源泉。这里真的是艺术宝地，好画纷呈迭现，大师人才辈出。因此，蒙马特成为年轻画家的深造镀金之地、梦想成名之处。

⊙ 蒙马特路边的艺术画廊虽然简陋，但是培养出了许多
著名画家　摄影/段亚兵

　　小丘广场上挤满了画画的小摊。不修边幅的艺术家坐在画架
边，左手端颜料板，右手持画笔，整日在广场上作画。作品素描、
油画、版画样样都有；技法轻描、淡色、点彩、重彩变化多端；流
派立体、印象、野兽、变形五花八门。有一些游客坐在前面当模特
儿，请画师作画，留下一张关于蒙马特的美好回忆，毕竟照片虽
多，但还是不如画作有纪念意义。

　　想要了解艺术家的生活情况，不能不到狡兔酒吧，我们慕名来
到这家酒吧喝一杯地道的法国红酒。狡兔酒吧地处蒙马特的中心地
带，一栋2层楼，粉红墙，绿窗户，门前是一条地砖鹅卵石路。20世
纪初一段时间里这里是失意艺术家的心爱聚会处。常来的客人有毕
加索、凡·高、雷诺阿等画家，和大小仲马等著名作家。这家酒吧
原来的名字是"刺客酒吧"，曾经有个刺客在此杀了老板的儿子，
由于这个名字过于血腥，1875年画家安德烈·吉尔在墙上画了一幅
可爱的兔子画作，就改名为"狡兔酒吧"（Le Lapin Agile）。1905

年毕加索画出了《在狡兔酒吧》的画作，于是酒吧就随着大师的名画而扬名天下。

蒙马特的画家想法很活，一些人不满足于在纸上作画，开始在街区的墙壁上大肆涂抹。走在巷道里，会看到在许多墙上有色彩斑斓的涂鸦，夹杂着各式各样的海报，让蒙马特成了绘画的橱窗、艺术的天地。还有街边挂满了五花八门小装饰品的商店，再加上街头巷尾众多的咖啡馆、酒吧，显得生活气息很浓。我们东看看西望望，不由得感叹一句：多么悠闲随意，生活本来就应该是这个样子的吧。

红磨坊之舞

很多游客到蒙马特是冲着看红磨坊歌舞厅的演出来的，我也到过这里两次。

红磨坊前门门面不算大，门头上的红色霓虹灯字幕招牌倒是十分醒目；后面有一座圆筒形的大楼，楼顶上有一个巨大的风车，风车上有四扇大叶轮。这就是磨坊风车，"红磨坊"由此得名。这一带，红磨坊资格最老，演出水平最高，业内影响最大，但不是唯一的夜总会。附近的马路两边，夜总会歌舞厅一家紧挨一家。看得出来，夜总会是蒙马特重要的支柱行业，关系到这个地区经济的繁荣与衰败。

进入歌舞厅里一看，装修豪华，布置用心，营造出一种热情洋溢的艺术氛围。观众席与一般的剧场差不多，但与普通剧场一排排的座位不同，这里还摆放着一张张咖啡座式的桌子，数位客人分坐两边。桌子上有点心、饮料和一瓶香槟酒（费用包含在门票里），桌子上点亮一盏红色的烛形小台灯，增加一点浪漫情趣。

舞台装饰更是奢华气派，各种灯光将舞台照射得金碧辉煌。欢快的音乐一起，美女精神饱满上场，华丽的服装配着大红的鸟羽，

◉ 著名的红磨坊歌舞厅　摄影/段亚兵

纱衣丝装上点缀着亮晶晶的金属饰片，身上佩戴着式样夸张的珠宝。多数节目中演员服装穿得很少，甚至个别节目中上身裸露，红磨坊的歌舞就是以"无上装秀"而出名，吸引客人的。

与各种奇装异服的演出服装比起来，更加出色的是演员，从欧洲各地精选来的，是清一色的高挑苗条、体态丰满、健康漂亮的美女。看得出来演员经过了严格的训练，刻苦的排练，动作准确，姿态优美，激情四射，热情奔放，很快就烘托出剧场效果，调动起了观众的情绪。全场反响热烈，演出效果极佳。

我到红磨坊歌舞厅两次，时间相隔10多年。第二次来时，舞台的装饰更加现代，演出风格更加时髦。舞台增加了升降装置，一个大型的玻璃水箱升起在舞台上。水箱里巨蟒卷身翻腾，美女灵巧周旋，两者在水箱里缠斗共舞，让观众紧张捏汗，血脉偾张。节目经常创新，花样不断变化，才能吸引观众。这是红磨坊观众时常爆棚的秘密，是百年老店长久不衰的本事。

导游告诉我们，红磨坊夜总会创建于1889年，开业不到半年就红遍了欧洲，创造了演艺界的神话。在130多年的时间里，红磨坊成功打造成为演艺界的国际品牌。后来有一部《红磨坊》的同名电影上映，更是让红磨坊的名字传遍了世界。

作为演艺和娱乐，红磨坊无疑是成功的，但也存在着道德争议：美女着装少而又少，搔首弄姿摆裙踢大腿，算不算有伤风化？我与导游讨论这个问题，他说："就我带过的许多中国游客团而言，大家的评价是情色，而不色情。"导游善辩，我不禁笑起来。他的这句话可以看成是玩文字游戏，或者在道德评判上打擦边球，但也有一定道理。

就我的看法而言，道德与非道德的尺寸之所以难以界定，是因为这更多是一个文化差异问题。我想起了在蔚蓝海岸几个城市海边的沙滩上，看到黑压压一片晒太阳的男男女女，其中许多女人不戴胸罩，袒胸露乳晒太阳，以东方文化的眼光观之，似乎不雅；但对当地人来说司空见惯、不值得大惊小怪。比较起来，东方人保守，西方人开放。

但单说西方，似乎各国各地的道德标准也不一样。比如说，红磨坊演出中最著名的舞蹈要算康康舞，该舞蹈音乐欢快奔放，舞女双手舞动宽宽的裙子，白白的大长腿踢到了半空中。英国人认为这种舞蹈放荡下流，禁止演出。但在法国，至少在红磨坊这却是最受欢迎的一个节目，不仅在舞厅里跳，每年狂欢节许多舞女还要走出街头大跳特跳，且大受市民欢迎。在此问题上好像有一个规律：寒冷地方的人比较保守，比如说英国；炎热地方的人比较开放，比如说法国和意大利的蔚蓝海岸、美国的迈阿密海滩等。

看起来道德与非道德的尺度是很难把握的。也许比较合适的做法是入乡随俗，尊重各国文化的差异。但从审美和好看而言，红磨坊演出达到了一流的标准，因此红磨坊歌舞厅能够存在百多年，受到了世界各地游客的喜爱，就不足为奇了。

大鹏鸟与高卢鸡友好

深圳与维埃纳结成友好城市

有一句歌词唱得好："我们的朋友遍天下。"深圳就是一个朋友很多的城市。据深圳市政府外事办2021年4月2日公布的信息，深圳的友好城市多达23个。其中有法国维埃纳省，结交友好城市的时间是1994年10月28日。法国史称高卢，深圳也叫鹏城，两地结成了友好城市的对子，就像大鹏鸟在天上飞，高卢鸡在地面跑，上下呼应，求其友声，心心相印，其乐融融。

俗话说："多个朋友多条路，少个冤家少堵墙。"朋友多了好办事，友好城市多了路子宽。鹏城的朋友多，有内外两方面的原因。从内因说，深圳做为一个新城市，发展速度虽快，知名度却不高。以前出国后给老外介绍深圳，费很多口舌对方还是搞不清楚，但只要说一句深圳在香港的旁边他们就听明白了。因此，深圳一方面请朋友来深圳走一走，看一看，实地考察一番；另一方面深圳是年轻的城市，青年人好学上进，对外面的世界充满了好奇心，喜欢周游世界，开阔眼界，广交朋友，于是友好城市的名单越来越长。

从外因说，深圳地理位置优越，交通四通八达，毗邻港澳，近

水楼台先得月，接触外面世界
有地理之便，发展潜力深厚
巨大；加上幸逢改革开放的
东风，全市人民苦干实干加油
干，于是创造出人间奇迹，40
余年从一个边陲小镇发展成为
现代化大都市。随着深圳的巨
大变化日新月异，老外也逐渐
对深圳有了兴趣，愿意与深圳
交朋友的城市越来越多。

　　深圳友好城市的维埃纳
省，是法国普瓦图·夏朗德大
区的一个省，省会为普瓦捷
市。维埃纳地处法国的中西部
地区，是连接法国北方和南方
的交通枢纽，历史上是兵家必
争之地。

◉　维埃纳的一座美丽农庄

　　不知道为什么，我国翻
译界要把法国维埃纳地区翻译成"省"？实际上，法国国家下面有
"大区"，比如说维埃纳属于普瓦图–夏朗德大区，大区下面才是
省。本人以为法国的大区才相当于我国的省，而法国的省相当于我
国的地区或者市。因此，维埃纳与深圳结成友好城市，级别上倒也
算是对等的。该省面积为7041平方公里，是深圳的3倍多。人口约38
万，当时就比深圳少；如今20多年过去了，深圳的人口已增至一千
多万，而维埃纳人口数量变化不大。于是，维埃纳的法国朋友如今再
来深圳，看到城市里摩天高楼林立，马路上汽车车水马龙，街上行人
熙熙攘攘，摩肩擦踵，往往惊讶得睁大了眼睛，嘴巴半天合不拢。

孙利会长眼睛中的维埃纳

深圳市中小企业发展促进会成立于1999年，是全国先进社会组织，就带领中小企业"走出去"开拓国际市场而言，促进会不但行动早，而且成绩多。促进会创会人孙利会长20多年里，带领深圳企业的参展团、经贸团、考察团等，走出去考察开拓国外市场，次数多得数不清。她去过上百个国家、数百个城市，将飞机当的士在天上飞来飞去，展会旺季住酒店多过回家。由于去过的地方太多，记忆有点混乱，一大堆照片拿出来，分不清景点是在哪个城市里，可她又喜欢给别人讲自己在国外的见闻趣事，只是经常会把不同的经历嫁接在一个故事里，大家听得津津有味。

孙利去过法国多次。为写此书，我请她讲一段最独特、印象最深的经历。她想了一下说，那就说说去维埃纳的经历吧。下面就是她讲的故事。

我去维埃纳是2006年。虽然1994年深圳已与维埃纳结成了友好城市，但深圳去过那里的人很少。一个偶然的机会，听说深圳有一家企业想从维埃纳引进一个旅游项目。我们找到了维埃纳省驻深圳办事处，他们在深圳高新园区新成立的"国际平台"（全名是深圳国际科技商务平台）办公。

当时高新园区的领导想干事，点子多，为园区企业做了很多事。为落实市委市政府"引进来，走出去"的战略目标，打通与世界各国的经贸关系，成立了"国际平台"，先后引进了32个国家和地区的46家境外商务机构（其中包括法国的机构），我们叫它"小联合国"。深圳各协会如果有对外发展业务的需要，就会找国际平台求助。一段时间里，促进会每周都要安排一天时间派人去国际平台拜访，与一个一个国家的机构进行交流。他们态度很热情，办事有效率，为国内外企业牵线搭桥，促成了很多合作项目。

当时的负责人是董代表，她满口答应帮助联系，并提议说，最

⊙ 维埃纳中小企业联盟
论坛上的女骑警是一
道亮丽的风景线

近刚好全球中小企业联盟要在维埃纳举办一个论坛，邀请我一起参加，以参加论坛的名义办理有关手续。就这样我与企业一行来到了维埃纳，当地政府有关部门给予我们高规格的接待。

我们首先参加了全球中小企业联盟召开的论坛。论坛开幕式设在一个古堡前的广场草地里。那天天气很好，蓝天白云下，绿色草地上，雄伟典雅的古堡前，论坛举办开幕式，我以前没有看到过如此漂亮的会场。论坛规模不小，有上千人到会，许多国家的政要和企业界人士都前来参加会议，我们是唯一来自中国的客人。法国前总理、该联盟总顾问拉法兰主持会议，当地人为此感到高兴，因为拉法兰就是维埃纳省府普瓦捷人。他从政多年，先后任普瓦捷市议员、普瓦图–夏朗特大区议员、欧洲议会议员等，2002—2005年任法国总理，主持论坛会议时他卸任不久。

会前有各种表演活动。先是马队表演，有几百匹骏马嘶鸣欢跃，骑马的是漂亮的女军人骑士。马队排列整齐，变换队形，壮观无比。接着上场的是狗群，狗的身材很大，像是狼狗、牧羊犬等类的猛犬，数量少说也有200多只，场面十分震撼。狗群不像马队有纪律，不排队，在会场上跑来跑去。突然有几只大狗窜到了我身边，吓了我一大跳，一下子抱住了旁边的一个法国男人。他不慌不忙，很温柔地对我说："不怕，不怕，狗训练过，不会咬人的！"我一下子清醒过来，羞了一个大红脸。再接着乐团吹吹打打上场了，乐手穿着民族服装，男乐手也穿着花裙子，就像是苏格兰风笛乐手们穿的那种服装。最后才正式开会，各国的代表轮流在论坛上发言，话题是如何帮助中小企业发展。到底是法国，会议开得如此浪漫，我算是开眼界了。

最有意思的是参加宴会。因为多次出国，这方面我有一些经验，感觉到法国去更应该要好好地准备一番。参加论坛要出席正式和非正式的宴会，浪漫的法国人对参加宴会的礼仪很讲究，特别对女士着装要求很高。于是我带了十多套礼服到了维埃纳，没有想到这样做还真就对了。

论坛确实有宴请安排。开幕式那天中午就有一个午宴。菜肴是法国菜，包括有鹅肝酱、鱼虾海鲜、牛肉粒、水果等，佐餐配酒的品种尤其多，有开胃酒、餐中酒、餐后酒等。红肉（牛肉）配红酒，白肉（海鲜）配白酒，数了一下多达6种酒，再加上西餐没有筷子，几套刀叉，用法复杂，让人有点手足无措。

午餐进行了近两个小时。餐后，主人建议我回房间休整一下。我一时没有理解他的意思，因为下午的活动快要开始了，午休肯定是来不及了。主人微笑着婉言建议，是不是应该换一套衣服？我这才恍然大悟，就赶紧回房间换了一套衣服。下午活动结束后，主人又微笑着请我回房间为参加晚宴做准备。虽然我已经领教了法国人对服装礼仪的要求，他的建议还是让我又一次感觉惊讶。我回酒店房间又换上了一套黑色的长裙，权当是晚礼服吧。果然一进餐厅，吸引来了众多赞赏的目光，感觉自己做对了。

晚餐安排在一个古堡里的著名餐厅里，据说这家餐厅的历史

长达百年。晚餐的程序更
复杂，菜肴更丰盛。法国
一位官员特意走过来敬酒
说："欢迎来自深圳的客
人，深圳是一个很有活
力的年轻城市。"主人
热情，客人喜悦，宾主欢
颜，十分尽兴。这一天我
换了三套服装，如果这次
不是带来十多套衣服，岂
不是让法国人小看了？

后来我与翻译聊起
换衣服这件事。翻译说：
"法国人在生活方面确实
礼数多，但也得承认人家
生活品位高，可以说法国
人'享受求奢华，生活艺
术化'。这个风气大概是
从太阳王路易十四时代流
传下来的。别看维埃纳城

◉ 维埃纳城市不大，街道整洁

市不算大，离巴黎也比较远，但生活方式、享受水平方面是向巴黎
看齐的。这次你带来的衣服多，搭配得也恰当，当地的官员对你看
法很好，说中国女人很讲究，有品位……"我听了心中有点小小的
得意，也算是给中国人争光了。

接下来的几天里，给我们安排了一系列的商务和参观活动。

首先是教育部长请我们到家中做客，独栋别墅，装修豪华，整
洁舒服。他太太孩子全家人都出来见面，互相赠送了纪念品。当地
翻译告诉我，在维埃纳，领导在家中设宴招待是最高的礼遇。聊天

⊙　维埃纳科技主题公园入口处

中，教育部长表达了两个友好城市如何开展学生交流活动的想法。

回深后我们写出专题考察报告，将考察的见闻收获报告给了市领导和有关部门，特别是强调了教育部长表达的意思。后来我们两个城市在交流学生方面做了很多事情。多年以后的2018年，为庆祝中国改革开放40周年，《深圳特区报》组织大型记者采访团重访维埃纳，访问了普瓦捷国际创新中学等，写出了长篇报道，讲述了许多来自深圳的中学生的一些生动小故事。据报道，10多年里维埃纳为深圳免费培养了100多名中学生，有些学生毕业以后直接考上了欧洲著名大学，如普瓦捷大学等。这些学生都是熟悉中法两国文化的人才，相信将会为中法两国、两个友好城市的往来沟通做出很多贡献。对此我真感到高兴。

接着旅游局长出面接待，陪着我们参观了当地的一些旅游项目，与我同行的企业家看得兴高采烈。这位老总管理着深圳一家综合性的大企业，开发房地产，也搞旅游业。他考察维埃纳就是想引进一些好的旅游项目。在这里我第一次见到了水幕电影。在一个风景秀丽的湖边，当夜幕降临，景色变得朦胧，岸边灯火闪烁。湖面上的一个喷泉喷出了一道水帘，这就是电影银幕，放映了一部风光片。水幕画面很美，令人感受奇特，企业家看得很兴奋，说应该引进这个项目，但不知什么原因没有了下文。多年以后，我在华侨城欢乐海岸城再次看到了水幕电影。入夜时分，观众坐在湖边的看台上津津有味地观看水幕电影，但比维埃纳的水幕电影晚了许多年。

旅游局长还安排我们到风光秀丽的海湾参观了一个游艇俱乐部。我了解到维埃纳两年一届的游艇博览会在行业内享有盛誉，游艇业在法国有很大的市场。法国是全球第三大游艇制造国，拥有的游艇多达90万艘，其中维埃纳是一支重要力量。博览会并不是只卖游艇，游艇上使用的很多产品都有展销，据说游艇上使用的日用品多数是"中国制造"。回深圳后，促进会在几次会员大会上宣传了该展会，为有参展意向的企业介绍了一些关系。后来，听说有深圳人乘风破浪几千里，从法国开回来一艘游艇。再后来万科成立了浪骑游艇会，深圳的游艇会越来越多。几年后，深圳也有不少企业家开始制造与游艇有关的产品，一些产品打入了国际市场，销售状况挺不错。应该说深圳的游艇业发展受到了法国很大影响。

那次去维埃纳时间不算长，但是行程安排很满，紧张而愉快。除了工作，主人还安排我们参观观光，让我们领略了历史文化名城的风采，也看到了多年以前法国就开始发展的庄园民宿旅游项目。我感觉法国人无论在举办展会、论坛，还是旅游项目等多方面的做法都可借鉴。而且到目前为止，他们举办的各种项目都是高质量的。

维埃纳省是个农业大省，自然条件很好。远处青山蜿蜒起伏，近处平原一望无际，维埃纳河平缓安静地穿城而过，给城市增添了几分秀丽景色。森林成片，大地葱绿，像油画一样美丽。农作物品种繁多，盛产葡萄红酒。

许多景点给我留下了深刻的印象。2000多年前维埃纳是古罗马帝国的一个重要城镇，那个时代的历史遗迹还有留存。当地有一个古罗马剧场，虽然残缺但竟然还可以使用，政府有时在里边举办演出活动。中世纪时，维埃纳是古战场之一。公元732年发生了普瓦捷战役（也叫"普瓦提埃战役"），法兰克军队打败了阿拉伯军队，这一战是阿拉伯势力开始从欧洲败退的转折点。英法百年战争中，1356年9月19日发生了普瓦捷会战，英军在黑太子爱德华带领下，打败了法军并活捉了法王约翰二世。因此，维埃纳的古战场遗址不少。我们参观普瓦捷的老城区，街道古旧有趣，居民生活丰富多彩；普瓦捷大学和中学教育理念先进，校园漂亮如花园……虽然过去了十几年，但是当时的经历历历在目，真想再去一趟美丽的维埃纳，看望一下当年认识的老朋友。

中国企业家vs法国设计师

巴黎市政厅里办盛会

2018年，我有机会与深圳一些企业家，到巴黎参加了第四届中法品牌高峰论坛。这次活动内容丰富，值得详细记述。

中法品牌高峰论坛（Bonjour Brand）是由巴黎"早安上海"品牌推广公司主办，组委会囊括了巴黎大区工商会、中国质量万里行促进会、巴黎经济发展局等多个中法机构与组织。创办这个论坛的宗旨是让法国品牌对话中国经济，中法顶级品牌、商业企业界精英零距离接触，为两国机构企业创造更多的合作机遇。2018年5月24日上午在巴黎市政厅庆典大厅启动开幕式，150位中国企业代表和350位法国嘉宾参加盛会。

开会以前，我们先在楼前留影，又在大楼里转了一转。我没有想到巴黎市政厅竟然是一座已有130多年的古老建筑，而实际上这个地址上原来还有更古老的建筑。500年前的1533年，法王弗朗索瓦一世就决定兴建一座极其雄伟的市政厅，以配得上巴黎这座当时欧洲和基督教世界里最大城市的地位。那座高大宽敞完善的楼宇建了一个世纪，直到路易十三统治时期的1628年才告完成。我想象那栋建

⊙ 2018年，中法品牌高峰
论坛在法国市政厅开幕

筑也许更加高档气派，可惜的是在1871年巴黎公社起义期间被人放火，熊熊烈焰彻底烧毁了楼宇，只剩下残垣断壁。后来大楼得到重建，就是眼前这座规模宏大的建筑。

市政厅位置非常好，位于塞纳河右岸，与西岱岛隔水相望。大楼形似宫殿，巴洛克式的建筑风格，雄伟壮观，繁复豪华。楼宇前面有一个宽阔的"沙滩广场"（这显然是原来的名称，现在看不见有什么沙滩）。楼宇是环形建筑，中间有宽敞的天井，感觉从容舒适。楼高三层，平顶的金字塔形屋顶，是巴黎建筑一种流行式样。大楼外的墙壁各处有许多人物雕塑，都是法国历代名人，据说多达136尊。

进入会场，眼前出现了一个富丽堂皇的大厅。屋顶天花板上绘制有精美的油画，紫色的灯光营造出一种神秘的气氛，大厅里吊着数盏巨型水晶吊灯，莲花式的样子高贵又好看；半圆形的高大门窗，配有落地的精美丝绒窗帘；打蜡的硬木地板，光滑有弹性；豪华的装饰，随处可见的人物雕塑和造型奇特的艺术品，一派金碧辉煌的模样。

在这样豪华的市政厅庆典大厅里举办论坛，能看出主办方的办事魄力，会议效果自然令人满意。有许多重量级的人物到会：法方出席的有法国前总理拉法兰、巴黎市长安娜·伊达尔戈、法国设计大师菲利普·斯塔克、卡地亚珠宝创始人科郎丁·基多、娇兰全球总裁劳伦·博佑、蓬皮杜艺术中心总经理朱莉·娜蓓、法国工业设计协会主席奥利维尔查帕尔等；中方出席的有中国驻法国大使翟隽、清华美院院长鲁晓波、周大福集团执行董事廖振为、联想集团副总裁姚映佳、中国中车集团新闻发言人曹钢材、阿里巴巴副总裁高红冰等。

活动举行了3天，内容十分丰富。在巴黎的多芬宫举办了"中国品牌之夜"活动。多芬宫（Pavillion Dauphine）离凯旋门不算远，是

◉ "中国品牌之夜"在豪华的多芬宫举办
摄影/段亚兵

221

一栋面积很大的平房建筑，造型别致，环境优雅，很适合举办沙龙式的活动。那天的活动，展示中国的品牌产品，安排当地小乐队现场演奏；客人端着法国红酒在大厅里走动，认识朋友，互相交谈，介绍产品，洽谈生意，气氛非常好。现场还组织了抽奖活动，深圳团的莫家惠运气好，得了苏州丝巾的一等奖。由前总理拉法兰亲自颁奖给她，小莫喜出望外、小声尖叫一声，我们都为她高兴。晚上主人宴请，品尝了丰盛美味的法国大餐。

在新华影廊里，组织了几十场中法项目精准对接活动。新华影廊地处巴黎最负盛名的圣奥诺雷街，距离法国总统府爱丽舍宫很近，估计房屋租金不菲。场地不算大，但干净整洁，加上楼房后面外面有个小庭院，感觉十分舒适。主办方为对接洽谈活动认真做好准备工作，事先为中国企业家和法国设计师配好了连续洽谈的对子。

我以深圳市中小企业发展促进会顾问的身份，参加了对接活动。房间里摆着几十张洽谈桌，每张桌子上有一位翻译人员，他们是来到法国留学的中国学生。坐在我桌子边服务的是一位来自河北的研究生，我跟她连上微信后，看到她的个性签名是"纵有疾风起，人生不言弃"，看样子学习劲头很足。刚一落座，一位法国设计师就坐到了我面前。一声问好后，开始互递名片，互相介绍情况，设计师拿出自己的作品图样给我们看，设计图样确实很棒。洽谈大约半小时一场，时间一到，一位女工作人员猛摇一阵铃铛，用一口好听的北京腔宣布第二场开始……一天洽谈下来，竟然谈了十几场（中午不休息，简单吃一个盒饭，连续作战）。我一人就谈了十多对，这样算下来全场大概谈了有二百来对吧。感觉有点累，但信息量确实大，人有点亢奋，真正的高效率！

我洽谈中的有一场特别有意思。有两个年轻的设计师小伙子一起坐下来与我谈，先自我介绍说他们前两天专门从深圳赶回来，参加这场洽谈会。来自深圳，什么情况？我一听来精神了。介绍过后我才搞明白，这两个小伙子一位是法国设计师，中文名叫柯铎，一位是比利时设计师，中文名叫钟矩。由于机缘到广东工作，被爱神丘比特射中，遇到了意中人，分别与广东的两位姑娘恋爱结婚，就在深圳安家了。公司设计室就设在福田的深业上城里。我高兴地对他们说："你们是深圳的女婿啊，太难得了！回深圳再去看望你们……"回深圳后，我如约陪着促进会的领导前往他们的公司拜访。设计室开设在深业上城"欧洲小镇"一栋单独的小楼里，环境十分优雅。在公司里也见到了他们两位的太太。两对年轻的夫妻合伙开办公司，男人们在楼下设计画图，女人们在楼上炒菜做饭干杂事。男女搭配干活不累，工作生活两不误，真好。

回想起来，"精准对接"可能是中法品牌高峰论坛系列活动中，最能见到效果的项目。主办方为中法企业家的双方合作，真的用尽心思，下足了功夫。

杨晶的初心

中法品牌高峰论坛项目的最初创办人是一位留法的中国留学生杨晶，我采访了他。

杨晶是山西大同人。2000年高中毕业后到法国留学，先读语言预科，2003年考上了巴黎的CREAPOLE高等艺术设计及管理学院，学习视觉传达专业。这所学校历史悠久，位置极佳，与卢浮宫为邻。5年时间里杨晶预、本、研连续，以优异成绩毕业。

杨晶认为，在学校里形成的一些观念，影响了他后来人生道路的选择，学到的专业知识让他在工作中游刃有余。他说："我读的学科属于设计与商业的交汇点。在讲课中老师经常会强调两点：做为专业人才，一方面要有创意；另一方面要能把创意很好地表达出来，从而让客户愿意跟你交易。艺术院校注重前者，商业学校重视后者，而我们的学院强调在两点之中找出最佳的结合点。"

2006年杨晶毕业后进入一家法国著名的广告公司，成为公司中唯一的中国设计师。他给一位名叫弗兰斯·彼邹的设计师当助理。这位设计师是艺术家，又是广告界的大拿。她曾在在上海生活过，熟悉热爱中国文化。3年当助理的时间里杨晶学到了很多东西，他感谢她"带自己进入了这一行业"。

后来杨晶又受聘于一家做奢侈品的新公司，事业平台更大了。这时候中国的奢侈品消费市场发展迅速，开始超过日本，占到了世界约25%的市场，法国人对此感到吃惊。也正因为这个原因，有中国背景的设计人才在法国大受欢迎。这对杨晶打开局面很有利，他的工作业务做得风生水起，收入颇丰，达到了法国中产阶级的生活水平。短短几年里他就购买了住房，养成了每年度假的习惯，冬天去阿尔卑斯山滑雪，夏天到蔚蓝海岸沙滩晒太阳。他对自己的生活比较满意，一度觉得"到法国闯世界10年，能够过上这样的小日子可以了"。

但慢慢地，他又不满足了。他觉得按照法国人的赛道这么一路走下去，有些没劲儿；应该走出自己的路子。但是路在何方？2011年杨晶决定创业，成立了巴黎"早安上海"品牌推广公司，公司设在巴黎香榭丽舍大街76号的写字楼里，这里房屋租金很高。杨晶认为这一带交通方便，人流量大，对做生意有利。与杨晶一起创业的还有他的妻子余熹和一位法国设计师，创业缺乏资金，他就把住房卖了，大有一副破釜沉舟的架势。

公司开始业务状况不好，杨晶咬牙坚持，终于等到云开日出。2014年，中法两国政府开始加强两国间的经济贸易和文化交流活动，计划推出200个合作项目。杨晶申请筹办一场中国品牌的推介会，得到了政府有关部门的批准。

就这样，中法品牌高峰论坛（Bonjour Brand）诞生了，成为杨晶终身追求的事业。2014年10月2日，第一届中法品牌高峰论坛在法国的威斯汀酒店成功举办。第二届移师中国，于2016年5月26日在北京人民大会堂举办。第三届于2017年4月5日举办，开幕式安排在巴

◉ 法国前总理拉法兰（中）给来自
深圳的莫家惠（右）颁奖
摄影/段亚兵

黎联合国教科文组织总部。第四届2018年5月在巴黎市政厅举办，详细情况在前一章节中已经讲述。

第五届中法品牌高峰论坛于2019年10月2日在巴黎剧院联合举办。出席活动的法国前总理拉法兰心情很好，因为几天前他刚到北京参加在人民大会堂金色大厅举行的隆重授奖仪式，由习近平主席授予他中华人民共和国"友谊勋章"。拉法兰是法国政界知华友华的代表人物之一，他自1970年第一次造访中国后，50年里一直努力促进两国之间的友好合作。授勋章是感谢他为促进中法友谊和全方位合作所做出的杰出贡献，其中自然包括他对中法品牌高峰论坛给予的支持。

从第二届论坛开始拉法兰每届都积极参加。那一年他带领着

巴黎香水博物馆　摄影/段亚兵

法国52名优秀设计师来到北京人民大会堂，这是法国组织的设计师团队最大规模的一次集体出海活动。拉法兰每次出席高峰论坛，不但讲话发表自己的真知灼见，而且当主持人亲自主持一些研讨座谈会。在第四届论坛活动中，我听了他主持的研讨会。果然不愧是国家领导人的水平，无论对会议进行的节奏，还是嘉宾讨论的话题，都控制把握得很好。讨论中，他提问精准，点评到位，处处显示出他对事物本质的洞见、丰富的文化知识和语言魅力，真令人佩服。

第五届中法品牌高峰论坛还在塞纳河畔的蓬皮杜文化艺术中心举办了一场中国国货品牌的推介会。与以往不同的是，此次推出了许多由两国设计师和商家合作的商品，共有39家中国品牌和150多件共创的新产品亮相。展览现场顾客云集，气氛活跃，出现了抢购热潮。蓬皮杜国家艺术文化中心与英国伦敦大英博物馆齐名，是全球最大的两家现代艺术博物馆之一。在这样高档的场馆里租用2500平方米的场地举办中国产品的推介会，证明了论坛活动又有新发展，新提高，杨晶的事业达到了新高度。

中国企业家如何走出去

采访中，我们不断讨论中国企业如何"走出去"的问题。

深圳市中小企业发展促进会成立于1999年5月，是深圳首批致力于服务中小企业的社会组织，20多年来一直为深圳中小企业"走出去"出谋划策，组织深圳企业展团参加国内外的各种展会，取得了良好的成绩。我退休后，作为促进会的顾问，经常陪着孙利会长带团走出去，我们在美国饮马哈德逊河，努力打入全球最大的消费市场；在欧洲登顶阿尔卑斯山，向百年工业企业学习交流；在金砖国家市场深度耕耘，分享丰硕成果；在东北亚市场不畏强手，与日本韩国同台竞争；在亚洲新兴市场放马驰骋，开展经贸活动；在遥远的南美南非市场试水，建立商贸渠道……因此这方面我有一些体会。

而杨晶作为战斗在经贸文化交流第一线的人，在这方面经验丰富，感受真切，酸甜苦辣各种味道都尝过。因此，我们在许多观点上相似，他的一些独特看法对我启发很大。

我们讨论的一个问题是，中国企业家头脑灵活，工作勤奋，中国制造的产品质量也越来越好，但为什么不容易走出去？在杨晶看来，文化差异是原因之一。通过建立合作平台，帮助中国企业与法国设计师多接触，有利于沟通两国文化，取得良好效果。例如周大福珠宝与法国设计师的合作就是一个成功的实例。

2017年，经过杨晶穿针引线，周大福与6位法国设计师签约，开展"当凡尔赛遇上故宫"的合作项目，合作设计制作珠宝首饰。为了让设计师产生灵感，组织设计师到北京的故宫和长城等地参观。参观过程中发生的一件小事情，让杨晶明白了两国设计师有不同的艺术视角。在中国设计师的印象中，故宫是一个庄严肃穆的建筑整体，而有一位法国设计师从高处观察，他眼中的故宫是屋顶金瓦形成的连续不断的线条韵律；参观故宫时遇到下雨，大家在故宫的屋檐下躲雨，这位设计师又注意到了宫殿大屋檐形成的大三角构图，这些观察和感觉后来都进入了他的产品设计中。对历史的理解不同、观察事物的角度不同，会形成艺术感觉的不同，这种不同体现在凡尔赛与故宫不同的建筑风格中，也深藏在设计师的头脑思维感觉中。周大福与法国设计师的合作，通过法国设计师的眼光，将中国宫廷文化用西方的艺术语言表达出来。最后设计师们设计出了几十款独特的珠宝首饰新品，推向市场后大受中法两国消费者的欢迎。

另一个讨论的问题是，杨晶创办的论坛为什么选择"品牌"为主题？

杨晶认为，对企业"走出去"来说，品牌是能够将文化输出的有效载体。我同意这个观点，我在《深圳财富传奇》一书中写道："从消费者的角度说，品牌是一个企业产品的质量保证，是对消费者在市场中选择的引导，是消费者在经过多种选择后的认可；从企业的角度说，品牌是企业家对消费者的承诺，是企业生产的产品能不能被市场认可的检验，是一个企业赢得一定数量消费者的保证。"

概括说，品牌是市场认可度的载体，一定程度上反作用于定价，影响消费者对价格的认可度，更重要的是，获得市场认可的品牌企业的产品才容易走出去。杨晶讲了深圳珠宝企业TTF打入法国市场、并在法国立住脚的故事。他跟TTF公司的董事长吴锋华很熟悉，两人目标一致：努力让中国企业能够顺利进入法国市场。

2013年，TTF打算将品牌总部落户在巴黎的旺多姆广场。旺多姆广场（Place Vendôme）位于巴黎老歌剧院与卢浮宫之间，广场上立有旺多姆铜柱，纪念1805年拿破仑一世在奥斯特里茨战役中取得的巨大胜利。19世纪初，旺多姆广场华丽转身，成为巴黎的珠宝展示和销售中心，梵克雅宝、香奈儿、迪奥、娇兰、卡地亚等世界著名的珠宝品牌公司都在此地开店。走在广场里，感觉到整条街珠光宝气，招牌装饰金光闪闪，橱窗里高级珠宝琳琅满目。

TTF想在这里开店，无疑是想与世界著名珠宝品牌公司同台竞争，切磋交流，表现出了吴锋华董事长的志向和魄力。但是TTF公司受到了法国同行的敌视。法国行业协会有很大的话语权，广场协会不同意中国公司入驻他们的地头，担心中国公司以质次价廉的珠宝掀起价格战，导致市场混乱；房东也拒绝出租房屋，理由是怕租客不爱惜，损坏自己已有200年历史的老房子。最后TTF聘用了法国前总理拉法兰为公司的发展顾问，又请中国驻法国大使出面说情，才顺利注册开张。

法国的珠宝同行很快就感觉到了这家中国公司的竞争力。TTF进军巴黎高端市场，并不靠低价倾销赚快钱，而是走打造中国品牌的艰难路子。TTF的珠宝设计从深厚的中国文化里吸取养分，突出"含蓄隽永、空灵飘逸"的美学特征，设计出了《锦鸡》《荷塘月色》等中国文化特色浓厚的珠宝产品，获得了消费者的好评。2017年，吴峰华策划了"欢乐春节·中国风格——TTF 2017巴黎中国生肖珠宝设计发布暨展览"活动，引起了法国文化界、珠宝界的广泛关注。2018年，我参加第四届中法品牌高峰论坛时，听到过吴锋华讲述的创业故事。2018年6月12日，TTF的全球首家旗舰店在巴黎旺多姆广场隆重开幕。法国第一大报《费加罗报》评价："TTF以宋代美学立意的崇高美学境界和难以逾越的艺术成就，为世界奢侈品珠宝业带来全新的挑战。"

TTF是什么意思？我从公司的一份资料上看到，TTF的全名是Transmission Traditions Fortune，中文的意思大概是"事业世代传承"。而按照杨晶的解读，TTF是Today Tomorrow Forever，意为"今天，明天，永远"！这样的解读，既有继承传统的意思，也有永续发展的含义，挺不错。

我问杨晶最后一个问题：论坛作为一个合作平台，已为多个中国企业家与法国设计师搭桥铺路，效果如何呢？

杨晶颇为自豪地说："效果当然好啦！"论坛确实已经成为一个有相当规模的合作平台，加入的成员包括有500位法国设计师、1000家中国品牌企业；5年多时间里，组织了超过2500场形式多样的B2B对接活动，双方的合作已经结出了累累硕果。例如，中国中车与法国著名设计师埃马努尔·开罗合作，为江苏常州市设计建成轻轨车站等。

中国企业家走出去的道路不可能鲜花铺地，而是一条荆棘丛生的艰难道路。先行者总会有人铩羽而归，但后来者更多。全球化是阻挡不住的大潮流，这个潮流中中国企业家不会缺席。

尾声

法国对人类文明的贡献

现在应该给法国文明在人类文明中的地位排名打分，这是从写作《以色列文明密码》一书开始的。

打分采用100分制。评分项目如下：文明产生的时间（25分），该文明体拥有的人数（10分），文明在历史上存在的时间（10分），古文明已经死亡（10分），该文明体当今的表现（10分），对世界文明宝库的贡献（15分），对人类世界产生的影响（20分）。

法国对人类文明的主要贡献是启蒙运动。有历史学家认为，西方对人类文明最主要的贡献有两个：一个是英国的工业革命，另一个是法国的启蒙运动。由于启蒙运动，自由平等的思想传遍了全世界，在人类文明史上留下了许多珍贵遗产。其中最重要的一点，可能就是马克思所说："使他认识到自己是人。"

启蒙运动引发了法国大革命，在国家政治制度方面反复试验，创造出了一种共和制的政治制度，成为许多国家借鉴的样板。因此，可以说启蒙运动塑造了现代主要西方国家的面貌，让人类历史跨入了近代，对人类思想文化造成了深远影响。

感觉应该给法兰西文明打86分。

已经打过分的文明体排名：

中华文明　　　　88分。

不列颠文明　　　87分。

以色列文明　　　82分。

荷兰文明　　　　79分。

葡萄牙文明　　　77分。

西班牙文明打　76分。

德意志文明　　　73分。

本人的看法是否有道理，请读者们评议和批评指正。

参考资料

[1]中央电视台《大国崛起》节目组. 法国[M]. 北京: 中国民主法制出版社, 2006.

[2]唐晋. 大国崛起[M]. 北京: 人民出版社, 2006.

[3]大宝石出版社. 走遍全球·法国[M]. 李梅, 译. 北京: 中国旅游出版社, 1999.

[4] 吕一民. 法国通史[M]. 上海: 上海社会科学出版社, 2012.

[5] 西蒙·蒙蒂菲奥里. 大人物的世界史[M]. 谷蕾, 李小燕, 译. 长沙: 湖南人民出版社, 2016.

[6] 乔治·杜比, 罗贝尔·芒德鲁. 法国文明史Ⅰ, Ⅱ[M]. 傅先俊, 译. 上海: 东方出版中心, 2019.

[7] 姚介厚, 李鹏程, 杨深. 西欧文明[M]. 北京: 中国社会科学出版社, 2002.

[8] 许倬云. 西周史[M]. 北京: 生活·读书·新知三联书店, 2018.

[9] 许倬云. 万古江河[M]. 长沙: 湖南人民出版社, 2017.

图片来源:

本书图片除署名图片外，其他图片由深圳市中小企业发展促进会提供。